# 주주객반

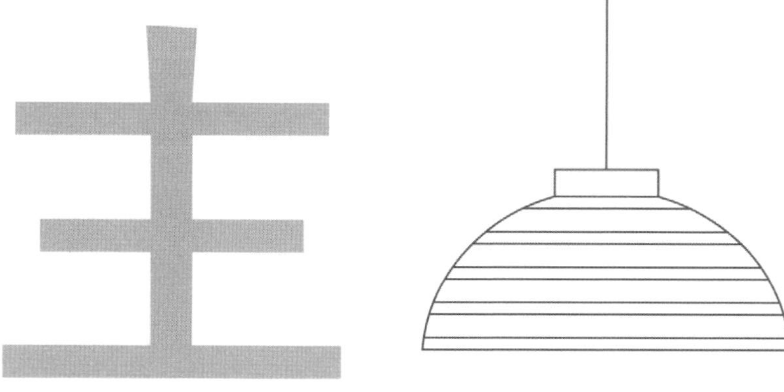

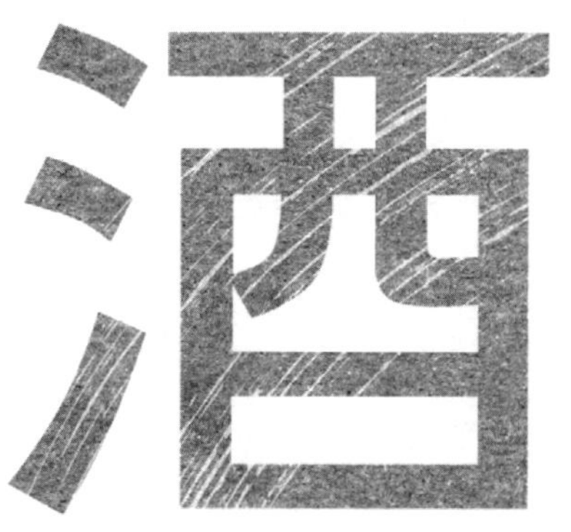

# 主酒客飯

주주객반

최성달 에세이

도서출판 천우

원래 발문이라는 것이 덕담 위주로 쓰이는 데다 친구라면 더욱 칭찬 일색이 될 수밖에 없을 터, 감안하시고 들어주시기 바랍니다. 지난해 10월 중순경이었습니다. 최 작가와 점심을 먹는데 그가 '주주객반'이라고 쓰인 두툼한 글 뭉치를 내게 내밀었습니다. 그 제목을 보는 순간 "주인은 손님에게 술을 권하고 손님은 주인에게 밥을 권한다"고 말하며 바이오주를 제조하시던 김휘동 전 시장님이 떠올랐습니다. 아마 틀림없이 최 작가는 김 전 시장님에 대한 존경의 의미로 이러한 제목을 붙였을 것입니다.

오랫동안 곁에서 본 최 작가는 그런 사람이었습니다. 유불리와 높낮이를 가리지 않고 인연 따라 사람을 만나고 한 번 맺은 인연은 김 전 시장님처럼 오래 품어 내는 강단을 지닌 친구였습니다. 주위에 사람이 끊이지 않은 것도 넉넉한 사람 냄새에다 남의 말 하나라도 어질게 하는 그의 곱고 큰 생각 때문일 것입니다.

10년은 더 되었습니다만 용담사 주지로 계시던 정우 스님에게 안동댐 민속촌 내 한옥 한 채를 얻어 최 작가의 글 집으로 제공하고는 단 하루도 거르지 않고 2년 6개월을 찾아갔던 적이 있었습니다. 그곳에서 전 치열하게 문학을 삶을 살아가는 한 사람을 보았습니다. 친구이기 이전에 하나의 목표에 자신의 전부를 몰아넣는 그의 모습이 경이롭기까지 했습니다.

말이 어눌해서 가까운 사람이 아니라면 잘 눈치채지 못하지만 그만큼 다양한 사안에 해박한 견해를 가진 이도 드물 것입니다. 그를 만나면서 제 인생의 시각도 많이 바뀌었습니다. 사람들 앞에서 역사와 문화를 말하고 남의 집 족보를 줄줄 이야기하는 제 모습은 분명 그와 깊게 교유한 지독한 흔적입니다.

이제는 그의 문학적 대승을 발원해 볼 때입니다. 아직 발표하지 않고 꼭꼭 숨겨 둔 소설이며 사상의 축적과 함께, 이제껏 보아 온 최 작가의 역량이라면 충분히 해내고도 남음이 있음을 믿습니다. 책 출간을 축하하며 고생한 친구에게 큰 격려의 박수를 보냅니다.

2019년 4월

안동시 주민자치위원장 · 경상북도축구협회 회장

손호영

## 1부

# 2부

# 3부

# 1부

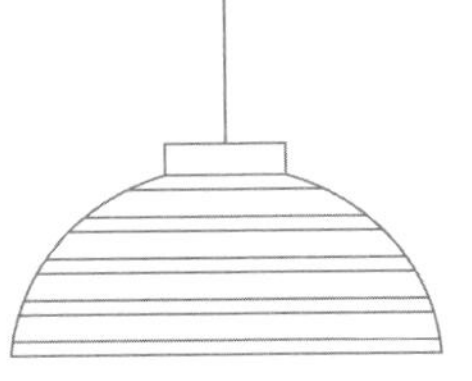

# 주주객반 바이오주 명주 반열 오르나

— 오는 5월 25일 특허청에 상표등록 돼

주인은 손님에게 술을 권하고 손님은 주인에게 밥을 권하며, 서로 다정하게 먹는 모습을 두고 흔히 주주객반(主酒客飯)이라고 한다. 이 말을 할 수 있는 풍경이 현대에 오면서 거의 사라졌지만 유독 안동 지방에서만 유행하는 것은 바이오주 때문이다.

바이오주는 안동소주(소주잔 6부)와 맥주(맥주잔 7부)를 일정 비율로 섞은 일종의 폭탄주인데 안동에서 개발되어 오는 5월 25일이면 특허청에 상표등록이 된다.

안동의 새로운 성장 동력인 바이오산업을 진작하고자 만든 술 용어가 지금은 바이오주 때문에 바이오산업이 견인된다는 우스갯소리가 나올 정도이니 고삼주가 고려를 세운 건국주이듯 바이오주가 명품 도청을 세우는 도청주가 되는 것은 아닌지 모르겠다.

쌀(안동소주)과 보리(맥주)의 만남이라고도 할 수 있는 바이오주의 명성은 이미 자자하여 안동을 방문한 손님이 바이오주를 접대받지 못하면 대접이 아니고, 바이오주 때문에 안 될 일도 성사가 된다는 말이 회자될 정도다.

안동에서 전국대회 규모의 각종 체육행사가 가장 많이 열리고, 통상 7~8년에 한 번꼴로 유치되는 것이 관례인 KBS1 〈전국노래자랑〉이 6년 사이에 3번이나 안동에서 열린 진기록은 다 바이오주 덕분이었다.

환영행사의 공식 만찬주인 바이오주를 맛본 체육관계자들의 입소문을 타고 축구, 배구 등 여러 종목의 체육행사가 안동에서 개최되었고, 첫 〈전국노래자랑〉을 녹화하려고 안동을 찾았던 사회자 송해 씨를 비롯한 방송 관계자들이 당시 바이오주에 곁들어진 웃음과 해학의 안동 풍류에 흠뻑 젖어, 바이오주 찾아 2번이나 더 안동에 노래자랑을 열었다는 후문(?)이다.

바이오주는 광고비 한 푼 안 들이고 입소문으로만 명주 반열에 오른 술이기도 하다. 2005년에는 대구 경북의 언론사에 종사하는 주당 논설위원들이 바이오주의 명성을 듣고 일부러 안동으로 찾아오기도 했으며, 2006년에는 서울 메이저 신문사에 근무하는 주당들이 63빌딩에서 바이오주를 맛보고는 찬탄을 금치 못해 찬사를 쏟아냈다.

"첫 잔의 누룩향이 너무 부드러워 다음 잔을 기다리게 한다."

"감칠맛 때문에 마시면 마실수록 더 마시고 싶은 생각이 든다."

"내리 다섯 잔을 마시면 아무리 주당이라도 1시간 안에 취하게 만들지만, 3시간 안에는 말끔히 숙취가 해소되어 뒤끝 없는 묘한 매력의 술이다."

"곡물로 제조되어 흡수력이 가장 빠른 술인 반면, 간과 위에는 부담이 적은 술이다."

"바이오주야말로 글로벌주고 이 술이야말로 감탄주다."

중앙언론사 주당들의 다양한 호평은 바이오주를 세계주로 만드는 계기가 되기도 했다. 마이니치, 아사히 등 일본 5대 언론사의 기자들이 구미 당기고 입맛 다시는 모양으로 직접 안동에 내려와 바이오주를 마시고는 갈지자로 대취해 돌아갔고, 2009년 가을에는 세계 각국 언론인협회 사무국 간부 100여 명이 바이오주를 매개로 모두 하나 되는 통합의 풍류 문화를 만끽하기도 했다. 특히, 전 세계 16억 인구가 시청한다는 디스커버리 채널에서는 바이오주의 제조와 시음, 여기에 얽힌 이야기를 집중 취재하여 방영하기도 했다.

바이오주는 문자기록을 통해서도 안동 문화를 풍성하게 만드는 첨병 역할을 톡톡히 했다. 소설가 이문열은 바이오주를 맛본 평을 아직 지면에 발표하지 않았지만 언젠가는 하겠다는 약속을 했고, 『태백산맥』의 조정래는 내일신문 한 면 전체를, 서영관 매일신문 편집국장은 '야고부' 라는 칼럼난에, 경향신문의 최슬기 기자는 자사의 지면을 통해 바이오주에 관한 이야기를 했다.

안동소주의 최적의 진화고, 환생인 바이오주는 소설에서도 언급되었는데 2008년 이상문학상을 받은 권여선의 「사랑을 믿다」라는 단편소설에 7회나 바이오주라는 단어가 등장한다.

바이오주가 이렇게 명주로 각광받는 이유는 물론, 맛과 품질의 우수성 때문이겠지만 다른 한편의 속 깊은 배경에는 누군가의 지역 사랑이 듬뿍 담겨 있기 때문이다.

안동소주 한 잔을 마시면 밥 한 공기를 먹은 것과 같은 쌀 소비의 효과가 있다. 술집에서 비싼 외국산 양주에 맥주를 섞어 폭탄주를 만들어

돌리기보단 안동소주에 맥주를 말아먹는 것이 훨씬 몸에도 이로울뿐더러, 지역 전통주(안동소주)를 살리는 이중의 효과가 있다.

바이오주의 완전한 안착은 이 땅에서 외국산 양주가 수입되지 않고, 도리어 양주가 지배하는 세상(수출)을 바이오주가 평정하는 그 날이다. 바이오주의 선전을 기대해 본다.

〈안동인터넷뉴스〉 2010년 5월 10일

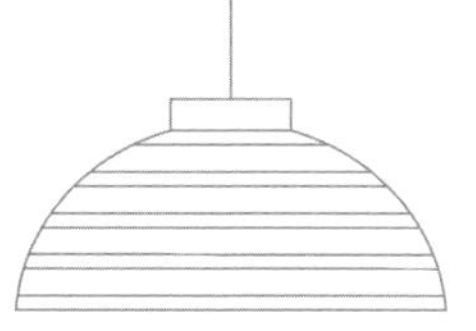

# 시대의 좌표를 제시한 '문형(文衡)'

통상 당대 최고의 문장(文章)이 맡았기에 육경(六卿), 삼공(三公) 부럽지 않은 명예로운 자리가 '대제학'이었다. 나라의 학문을 바르게 평가하는 저울이라는 뜻의 '문형(文衡, 조선시대 홍문관과 예문관, 세종 때 집현전의 대제학을 일컬음)'으로 불린 만큼 권위 또한 대단했다.

임금도 인사에 관여할 수가 없었기에 문형이 되려면 대제학의 추천이 있어야만 권점(이름 아래 찍는 점)을 받을 수 있는 자격을 얻었다. 물러나는 것도 스스로 사임하지 않은 한 종신직이 보장되었다.

이렇듯 철저한 독립적 권위를 존중받았기에 대제학을 바라보는 조야(朝野)의 시선은 엄격 그 자체였다. 1556년에 사암 박순이 대제학을 제수 받고도 물러난 것은 이러한 엄격함을 스스로에게 적용한 결과였다. 사림으로부터 학문적 스승으로 추앙받던 퇴계 이황을 제치고 문형에 오르자 스스로 그 자리를 퇴계에게 양보했다. 학문적 깊이에서 퇴계와 비길 바가 못 된다고 여겼기 때문이다. 이를 받아들인 퇴계 또한 그 마음을 가상히 여겨 얼마 지나지 않아 그에게 대제학을 물려줬다. 물러날 때를 알고 물러났기에 사암은 실리와 명분을 모두 얻는 역사적 인물이 될 수가 있었다.

이와는 반대로 더러 미덥지 못한 경우도 있었다. 대제학이었던 서거정은 누가 봐도 자신의 후임으로 적격인 김종직이 있었으나 끝까지 그에게 대제학 자리를 물려주지 않았다. 훈구의 학문 권력이 사림 세력의 핵심인 김종직으로 넘어가는 것을 달가워하지 않았기 때문이다. 이 때문에 서거정은 조카에게조차 문형을 너무 오래 한다는 세간의 비난을 전해 들어야 했다.

굳이 현대판 문형을 꼽으라면 필자가 보기에 한국국학진흥원 원장 정도가 눈에 들어온다. 짧은 기간에 이룬 한국국학진흥원의 눈부신 학문적 업적이며, 시대의 좌표를 제시하는 김병일 원장의 몸가짐도 이 같은 위상을 부여하는 데 지대한 공헌을 했다고 생각해 본다. 한국국학진흥원 원장이 이 시대의 진정한 문형으로서 명분 있는 지속성을 이어가 역사의 한 페이지를 장식해 주기를 고대해 본다.

〈매일신문〉 2012년 1월 26일

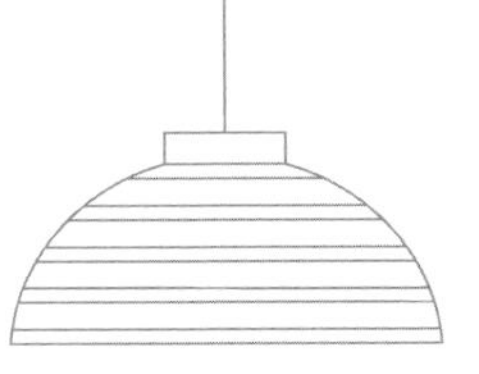

# 행복지수

## — 삶의 척도의 새로운 변수

한 20년 된 이야기다. 경실련 활동을 하다 만난 김태계라는 사람이 있었다. 경남 밀양이 고향이고 안동과는 학연이 전혀 없는 그가 변호사 사무실을 이곳에 개업하려고 하기에 무슨 까닭으로 그러는지 물어보았다.

"산 좋고 물 맑고 유구한 전통과 문화가 살아 있는 곳이 어디 흔한가요?" 지금도 생생하게 기억나지만 난 그의 말이 삶의 우선순위를 어떤 특별함에 두겠다는 말로 들렸다. 그리고 안동만이 그것을 채워줄 수 있다는 말로 이해했다.

얼마 전 알고 지내는 분에게서도 비슷한 느낌을 받았다. 최근 몇 년간의 삶을 요약해 달라는 필자의 주문에 멋진 대답이 돌아왔다.

그는 "미래 사회에서도 빛날 가치인 물, 사람, 문화, 그리고 이런 것들을 지니고 있는 안동의 수려한 자연과 땅을 잘 보존, 활용하고 빛내는 일에 내 삶을 바쳤다"는 것. 지역 정체성을 정확하게 이해한 바탕 위에 장점을 확대해 나가려는 당당함과 열정이 묻어나는 말이기에 행복하고 삶은 이들의 심금을 울릴 만한 삶이라는 생각이 들었다.

인간이 행복해지려면 몇 가지의 조건이 필요하다. 의식주는 기본이고 의료와 교육을 받을 수 있는 여건이 충분하게 갖추어져야 한다. 많은 이들이 농촌과 소도시를 떠나는 이유도 이러한 기회를 잡으려면 대도시가 유리하다는 기대감 때문일 것이다. 그러나 이것이 정석이라고 믿었던 기존 관념을 바꿀 만한 큰 흐름이 태동하고 있다.

그동안 국민총생산(GNP)이 나라의 격과 인간의 삶을 결정하는 주요 인자로 인식되었으나, 이제는 그에 못지않게 국민총행복(GNH)이 중요한 지수로 등장했다. 히말라야의 소국 부탄 같은 경우에는 아예 헌법에 국민총행복 조항 4가지라는 것이 명문화되어 있다. 첫째 풍요로운 생태계를 유지하고, 둘째는 전통문화를 지켜내고, 셋째는 자연과 문화를 파괴하지 않는 경제 발전을 추구하고, 넷째는 좋은 정치를 펴 나가는 것이다.

안동 용수사의 상운 스님은 어느 한곳에 6개월 이상 머무르는 법이 없는 분인데도 벌써 안동 생활이 3년째를 넘어서고 있다. "고요하나 한적하지 않고 청정하나 적막하지 않으며 유장하되 무료하지 않으니 도시마저 도(道)를 이루었다." 나는 이 현상을 한국정신문화의 수도 안동이 '행복 안동' 을 추구한 결과라고 해석한다.

〈매일신문〉 2012년 2월 16일

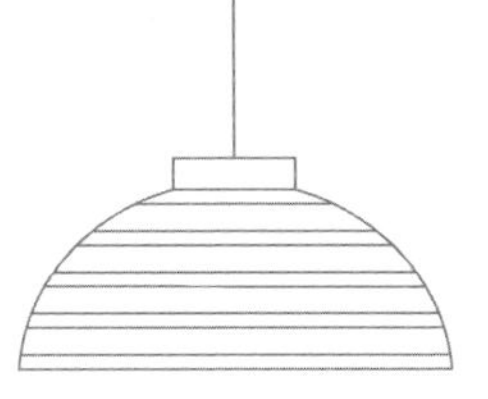

# 김준한에 대한 단상

## 단상 1

#1

김준한이 안동에 내려온 건 지난해 초였다. EBS 국장을 거쳐 한국콘텐츠진흥원 전략기획 본부장을 끝으로 낙향한 것이다. 한참 물오른 절정의 시기에 고향으로 온 그는 문화의 불판을 바꾸어야 한다며 외치고 다녔다.

#2

나는 그의 외침이 혹여 광야에서 세례자 요한이 울부짖는 외침이 아닌지 궁금하여 일군의 무리를 이끌고 그의 집을 방문하고 목소리에 귀를 기울였다. 눈과 귀가 밝아 메시아를 점지하는 예언자를 알아볼 수만 있다면 예수가 될 수 있다고 생각하는 이들의 발걸음이 잦아진 것도 이때쯤이다.

#3

그때쯤 나 또한 생각하는 바가 있어 한 무리의 문화 일꾼을 모아 다큐멘터리를 제작한다고 동분서주하고 있었다. 그때 청천벽력 같은 소리가 우리에게 전해졌다. 그의 정체가 세례자 요한이 아니라 예수로 판명이 났다는 것이다. 이 소문이 퍼지자 여기저기서 그를 시기하고 견제하는 목소리가 들렸다. 나 또한 알량한 것을 빼앗기지 않으려고 바리새인처럼 그를 멀리하기에 급급했으나 뜻있는 자의 삶이 그러하듯 견제의 수단이 교묘해질수록 그의 성(城)은 더욱 공고해지고 높아 가기만 했다.

## 단상 2

#1

요즘 새삼 새로운 말은 언젠가 서수용 한국고문헌연구소 소장이 내게 했던 말이다. "(안동이) 진정한 한국정신문화의 수도가 되려면 상주 출신의 김병일 기획 예산처 장관이 도산서원 선비수련원 원장을 하는 것처럼 안동에 인물이 몰려야 합니다." 당시 김 전 장관은 한국국학진흥원 원장을 하기 전이었고 선비수련원이 평생교육기관으로 전국 최고가 되는 데는 그의 영향이 지대했다.

#2

기억하기로 대구가톨릭대학교 서양학과 배용균 교수는 안동 봉정사를 배경으로 〈달마가 동쪽으로 간 까닭은?〉이란 영화를 만들어 1989년 제42회 로카르노 영화제에서 황금표범상을 받은 적 있었다. 달마는 왜 동쪽으로 갔을까? 달마를 동쪽으로 부른 인물은 누구였을까? 배용균은 왜 안동으로 왔을까?

#3

도도한 역사가 거대한 것 같으나 실은 처음이 미미한 것처럼 마이크로소프트의 창업은 몇 사람이 여관방에서의 토론으로 출발했으며 피카소와 고갱, 고흐의 위대한 출현은 세잔의 회화에 대한 열정(말)으로 빚어진 일들이었다. 오늘날 중국의 문장이 격조와 고적함을 담보할 수 있었던 배경에는 구양수라는 거목이 있었기에 가능했고 음악 장르의 한 축인 오페라의 탄생은 이탈리아 피렌체 사람이었던 조반니 데 바르디 공작의 헌신에 힘입은 바가 크다. 피카소와 고흐, 고갱을 모르고선 미술사를 논할 수 없고 구양수의 그늘과 문전에서 성장한 증공, 소식, 소철을 알지 못하곤 시인 묵객이라 할 수가 없으며 바르디 사랑방을 드나들었던 소위 바르디 서클 멤버에 대해 문외한인 사람이 음악사를 운운할 수는 없는 노릇이다.

#4

역사는 미미한 관점에서 무엇을 포착한 사람들의 행위에 의해 결정된 예가 부지기수다. 달마는 왜 동쪽으로 갔을까 하는 물음도 마찬가지다. 한미했던 인터넷 포털 사이트 다음이 서울에서 제주도로 옮기고 난 뒤 야후와 천리안, 네이버, 구글 등 쟁쟁한 경쟁사들을 물리치고 창대해진 이유와 같은 것이다.

#5

안동은 원형 문화의 보고다. 전 세계적으로 안동만큼 복합적이고 중층적인 문화의 구조 속에 이야기를 많이 간직하고 있는 곳도 드물다. 이제는 이것을 콘텐츠로 연결해야 하는 시점이다. 달마가 인도에서 쇠퇴해진 불교를 다시 한번 중흥시키기 위해 동쪽인 중국으로 가 원대한 포부를 이루었듯 김준한은 한껏 물오른 기량을 가슴에 담고 고향 안동으로 내려와 거의 1년도 안 된 시기에 〈450년 사랑〉, 〈락 나라를 아느냐〉 두 편의 실경 뮤지컬로 문화적 패러다임이 지역 전체의 불판을 바꿀 수 있다는 가능성을 보여 주었다.

#6

이러한 김준한은 과연 우리에게 어떤 존재일까? 이제 곧 애니메이션 〈엄마 까투리〉를 선보이고 대형뮤지컬 〈노국공주〉를 준비하고 있는 그의 실존적 위치와 비중을 정립한다면 과연 어떤 모습이어야 할까? 그는 세례자 요한의 모습일까? 아니면 예수의 형태일까? 해답은 아무도 그것을 강요하거나 요구할 수가 없다는 것이다. 누군가 세례자 요한이 아닌 예수를, 구양수가 아닌 소식을, 세잔이 아닌 피카소를, 바르디가 아닌 카치니를, 조훈현이 아닌 이창호가 되고 싶다면 먼저 그의 열정에 고개를 숙이고 볼 일이다. 안동에 온 이유부터 물어볼 일이다. 구구절절 이설 다는 시간에 그의 사랑방에서 조신하게 배우고 익히고 볼 일이다. 육조 혜능의 권능이 교조 달마로부터 시작되었듯 문화적 유전자의 영속성 또한, 눈 밝고 정열을 바치는 사람을 통해 영원성을 확보하는 것이리니 이제 그대가 그 주인공이 되어 볼 일이다.

〈경북in뉴스〉 2010년 12월 10일

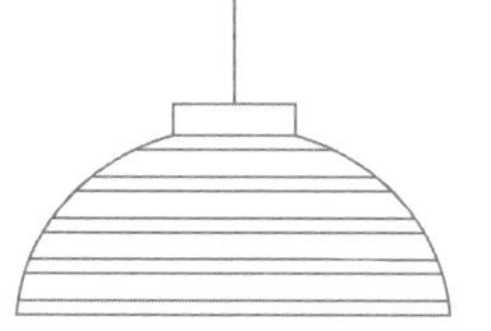

# 고옹에서 용수사로 온
# 한일 우호 부처님

따르릉따르릉 전화벨이 울렸다. 지금으로부터 두 달 전쯤이었다.

"최 작가 잘 있소."

"아, 예 국장님."

"석불 하나 좀 봐주소."

안동시청에 근무하는 김현승 국장의 낮익은 목소리였다. 석불은 도산면을 지나 가송 가는 길목인 '숯골'이라는 곳에 모셔져 있다는 것이었다. 그리고 다시 달포쯤 흘렀을 때였다.

"안 가 봤제."

"죄송합니다."

"사람이 기다리니 한 번 꼭 가 보소."

나를 기다린다는 사람은 김 국장님의 지인이라는 동일화방 김영대 사장이었다. 송구한 마음에 나는 그날 바로 이재원(안동시근로자복지관) 관장을 동행 삼아 석불을 찾아 나섰다. 숫골의 입구는 가송 초입의 '들꽃 피는 언덕'을 500m쯤 지나 반대쪽에 자리 잡고 있었다. 그 골을 타고 고불고불 7분가량 산길을 올라가니 김영대 사장의 손때가 묻은 영지(領地) 민박 고옹(농촌관광체험)이 눈앞에 자태를 드러냈다.

그는 이 숫골에다 5년 전부터 엄청난 일을 벌이고 있었다. 시간 날 때마다 이곳에 들러 자신만의 성(城)을 차곡차곡 쌓아 가고 있었다.

"여기 와서 단체로 놀며 유산(遊山)이 따로 없겠어."

이재원 관장의 말마따나 이곳은 단체에서 연수나 모임 하기에 제격인 건물이 이곳저곳에 들어서 있었다. 석불은 그중 산채의 중간 건물에 모셔져 있었다. 살펴보니 주조기법이 우리나라의 전통 양식과는 어딘가 달라 보였다.

"한 1백년 된 것 같은데, 일본 쪽 양식 같습니다만."

나는 대충 눈대중으로 김영대 사장에게 부처님의 형상을 말했다.

"맞습니다. 제게 석불을 전해준 교수의 말에 의하면 원래 이 부처님은 지금은 수몰된 임동의 어느 사찰에 모셔져 있었다고 합니다."
"불심 깊은 어느 일본 분이 기증한 것 같은데요."

옆에서 함께 불상을 지켜보던 이재원 관장이 끼어들며 말했다.

"그 말씀도 정확합니다. 우리나라가 일본에 병합되고 나서 영덕 강구에 정착한 일본인 선주가 이 부처님을 조성하여 임동의 어느 절에 안치했다고 합니다. 그 후 1945년 우리나라가 해방되고 나서 강구에 정착했던 일본인이 모두가 본국으로 돌아갔으나 이 부처님을 조성한 그 일본인 선주는 자신의 전 재산을 모두 임동의 그 절에 기탁하고 말년을 그곳에서 보내다 안동 땅에서 생을 마감했다고 합니다."

김영대 사장은 자신이 들은 이야기를 조목조목 우리에게 전해 주었다. 그러면서 이제는 이 부처님을 인연 있는 절로 떠나보내고 싶다고 했다.

"좀 더 좋은 환경이 있다면 이 부처님을 보내드리고 싶습니다."
"더 좋은 환경이라면."
"매일 사시예불 받으며 청아한 스님의 독경 소리를 듣게 해드리고 싶습니다."
"뜻깊은 원력을 세우셨는데 제가 한번 알아보겠습니다."

김영대 사장과 이야기를 주고받으며 나는 이 부처님을 도산면에 있는 용수사로 모셔야겠다고 마음먹었다. 그렇게 하는 것이 나를 이 숫골로 보낸 김현승 국장의 바람과, 처음 석불을 조성한 신심 깊은 그 일본인의 뜻을 제대로 받드는 길이라는 생각이 들었기 때문이다.

"스님께서 이 부처님을 모셔 가셔서 잘 섬겨 주셨으면 합니다."

며칠 뒤 우리 일행이 용수사의 원행 스님을 모시고 갔을 때 김영대 사장은 그렇게 담담하게 말했다.

"부처님을 편하게 모시면 김 사장님의 사업도 잘 풀릴 것입니다."

원행 스님께서는 한일 우호라는 거대한 원력을 세운 김영대 사장에게 그렇게 화답했다.

"그럴 것 같습니다. 원래 이 부처님을 조성한 일본 선주도 이 부처님을 절에 봉안한 후 사업이 불같이 일었다고 합니다. 그 후 모은 것을 모두 부처님을 위해 희사했으니 극락에 있으면서 오늘 저희를 보내어 그것을 기억하게 하는 것이 아닐까요."

"잘 봉안하면 신심 있는 이들이게 재복을 열어 주는 부처님이 될 것 같습니다."

김영대 사장의 영지에서 석불을 본 원행 스님은 매우 흡족해하셨다. 조성한 지 그리 오래된 부처님은 아니지만 일본인 선주의 장한 혼을 기려 준다는 의미에서도 모셔 오는 것이 좋지 않겠냐며 며칠 후 기별하겠다는 말씀을 하셨다.

그리고 정확히 일주일이 흐른 2015년 6월 6일 원행 스님에게서 전화가 왔다. 오늘 봉행 스님을 모시고 가서 석불을 좀 모셔와 달라는 것이었다.

현재 숫골 김영대 사장의 영지 고옹에서 용수사로 모셔 온 석불은 미륵전 옆 노상에 모셔져 있다.

"한일 우호 부처님께서 이곳에 오시고 나서 훨씬 훤해지셨습니다."

새롭게 모셔 놓은 석불을 바라보며 기분이 좋아진 김영대 사장의 한

마디였다. 옆에서 보니 부처님의 환한 얼굴만큼이나 김영대 사장의 얼굴도 여름꽃처럼 만발하고 있었다.

"우리가 기도를 열심히 하면 저 한일 우호 부처님의 모습이 지금보다 더 환해질 것입니다. 일본과 우리나라는 전향적 역사의식을 통해 손을 잡고 미래로 나아가야 서로에게 살길이 열립니다. 이 부처님을 한국 절에 시주한 일본인 선주의 고귀한 뜻만 알아도 일본과 우리나라는 지금처럼 서로를 외면하지 않아도 될 것입니다. 하루빨리 따뜻한 눈으로 바라보려면 우리나 일본인이나 이 부처님에게 기도 많이 해야 합니다."

원행 스님의 이 일갈(一喝)이야말로 이 부처님이 용수사로 간 까닭이리라.

〈UGN경북뉴스〉 2015년 6월 10일

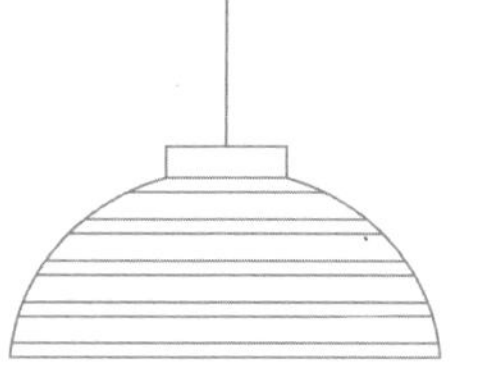

# 범무당산

**제비원 석불 맞은편** 산자락에는 그 옛날부터 내려오던 당산(무당의 산이란 뜻)이 있다. 당산은 전국 무당들에게도 꽤 알려진 편인데 이곳에 예로부터 유명한 범무당산이라는 굿당과 큰 바위와 신목이 있다. 그런데 안타깝게도 범우당산(굿당)은 불나서 소실되고 현재 그 자리에 조립식 굿당이 차려져 있다.

송옥순 안동제비원성주풀이보존 회장에 따르면 이곳에는 몇백 년 전부터 제비처녀라는 이름을 가진 소녀가 모셔져 있었다. 이 제비처녀가 일부러 굶주림에 죽어 가는 범의 먹이가 됐다는 육신공양 이야기가 전설로 전해진다.

연미원 공양간에서 일하는 제비처녀의 꿈에 하루는 산신령이 나타나 당산에 올라가 보라고 말했다. 그곳 큰 바위 밑에 호랑이 한 마리가 죽어가고 있으니 살리라는 것이었다.

꿈이었지만 산신령의 말이 생시처럼 들려 제비처녀는 스님에게 당산에 나물 하러 간다는 말을 하고 그길로 산신령이 점지한 당산 큰 바위 밑에 가 보니 정말 소만 한 호랑이가 굶주림에 죽어 가고 있었다.

제비처녀는 죽어 가는 호랑이를 보니 눈물이 하염없이 쏟아졌다. 이대로 만약 호랑이가 죽으면 제비원 사람들이 돌림병으로 모두 전멸한다는 산신령의 엄명 때문에 제비처녀는 앞이 아득해졌다. 당시 전국에는 돌림병이 돌고 있었고 벌써 인근 마을에서는 사람들이 죽어 나가고 있다는 소리가 들려왔다.

하지만 아무리 궁리해도 호랑이를 살릴 방도를 찾을 수 없었다. 호랑이도 불쌍하고 마을 사람들도 걱정되었지만 가녀린 제비처녀로서는 달리 방도가 없었다. 마을로 되돌아가서 먹이를 구해오자니 그 시간에 호랑이는 죽을 것이고 주위를 둘러봐도 자신의 손으로 먹이를 구할 방법이 없었다.

이러지도 저러지도 못해 제비처녀는 발만 동동 구르다가 그만 털썩 주저앉고 말았다. 순간 혼절한 것인데 어느 순간 깨어 보니 호랑이가 자신의 젖을 빨고 있었다. 희한하게도 처녀인 자신의 젖무덤에서 유액이 조금씩 흘러나오고 있었다. 그 젖을 먹고 호랑이가 조금 기운을 차린 것 같았다. 하지만 아직도 호랑이는 일어설 만큼의 기력을 회복하지 못하고 있었다.

그 호랑이는 제비원에 닥친 액운을 미리 막아 줄 마을 수호신이었다. "그래 내가 너의 먹이가 되어 줄게. 나를 잡아먹고 호랑아 너도 해탈해." 제비처녀는 자신이 호랑이의 밥이 되기로 결심했다. 스스로 범의 아가리를 벌리고는 자신의 머리를 호랑이의 입속으로 들이밀었다. 죽어가던 호랑이는 제비처녀를 먹고는 기운을 회복했다. 그길로 제비원 길목에 나가서 오가는 사람들의 출입을 막았다. 그 때문에 제비원은 전국적인 돌림병에도 죽는 사람이 단 한 명도 생기지 않았다.

범무당산이라는 어원도 범이 처녀를 물고 갔기 때문에 굿당의 이름이 그렇게 붙여졌다고 한다. 처녀는 죽어서 당산의 산신이 되었는데 사람들은 뒷날 그 처녀의 육신공양을 기려 범무당산을 지었다.

이 이야기는 송옥순 선생의 전언을 정리한 것인데 상당히 의미 있는 전설로 들린다. 현재 제비원 일대는 14가지 유형에 21가지 각 편의 이야기가 전해지는데 범무당산 전설은 지금까지와는 전혀 다른 유형의 이야기다. 개인적 견해로는 제비원 성역화 사업에도 도움을 줄 수 있다는 생각을 해 본다. 성주풀이의 본향의 상징성을 강화하는 계기로 삼았으면 하는 바람이다.

〈안동인터넷뉴스〉 2015년 1월 6일

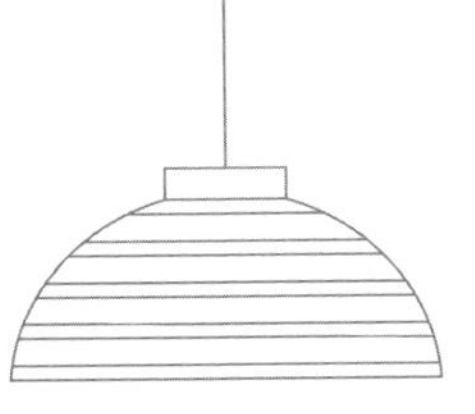

# "돌에서 도를 구하지요"

— 수석장이 이태규 씨

그가 본격적으로 수석과 인연을 맺게 된 것은 지금으로부터 20여 년 전이다. 그전에도 혼자서 돌 모으는 취미는 갖고 있었으나 무엇을 알고서 그렇게 한 것은 아니었다. 그저, 강에 갈 일이 있으며 하나둘 집에다 돌을 갖고 왔는데 어느 날, 수석 전문가가 그가 모아 놓은 돌을 보고 경력이 몇 년이냐고 물었다.

그때까지 수석을 전문적으로 할 생각이 없었던 탓에 할 말을 잃어 우물쭈물하는 그에게 전문가는 좋은 눈과 아름다운 심미안을 가졌다고 말하더라는 것이다.

돌과 태규 씨가 뗄 수 없는 인연으로 깊숙하게 들어가는 순간이었다. 그리고 지금도 기억이 선명하지만 첫 돌을 줍기 위해 1989년 여름 어느 날, 포항으로 가던 봉고차 안에서의 설렘은 아직도 잊을 수가 없다. 아파트 공사장에서 금돌이 난다는 소식에 무작정 동호회원들과 함께 그곳으로 달려가 원하던 돌을 주었을 때의 희열은 느껴보지 않은 사람은 모른다고.

이때부터 농사가 주업이지만, 1년 중 돌 줍는 일에 가장 많은 시간을 할애했다. 농사일이 급하지 않으면 배낭 메고 꼬챙이 들고 돌을 주우러 산천을 돌아다녔다. 오랜 세월 물과 땅속을 헤집으며 돌과 마음을 주고 받아서인지 그의 얼굴에서는 자연이 주는 푸근함과 여유로움이 묻어난다. 물처럼 기약 없이 흘러온 그의 청춘이며, 땅의 생기처럼 아직 식지 않은 열정이며, 돌처럼 단단하게 고정된 삶의 자세는 그의 수석 사랑과 너무나 닮았다. 파노라마처럼 지나온 삶과 아직 남은 날들 또한, 저 돌들의 향연 속에 고스란히 담아 놓았다.

그 향연에 취해 있다 보니 그에게 늘 붙어 다니는 3가지의 기쁨이 있다. 첫째, 구하러 다니는 기쁨이다. 돌이 있는 곳이 산천이다 보니 산수 구경은 물론, 그저 그렇게 다닌다는 자체가 정신적 큰 위안이며 쾌락을 준다. 둘째, 육체노동의 기쁨이다. 원하는 것에 몰두하는 시간은 절대 노동일 수 없다. 돌 줍는 일은 분명 노동이지만 운동하는 것이 고통스럽지 않듯 수석 구하는 과정 또한 쾌감이 있다. 셋째는 희열의 미다. 원하는 돌이나 생각지도 않은 수석을 발견했을 때의 기쁨은 무엇하고도 바꿀 수 없는 수석 애호가들만의 즐거움이다.

돌 없으면 살 수 없을 것 같은 태규 씨지만 실은, 그에게 향연만 있었던 것은 아니다. 무슨 일이든 그러하지만 오르막내리막이 있기 마련이다. 그 또한, 돌을 사랑하다 혹독한 대가를 치러야 했다. 폭풍우가 치거나 우중에 돌을 구하러 다니는 것이 수석 하는 이들의 운명이다 보니 여러 번 생사를 넘나드는 고비를 넘겨야 했다.

한번은 경북 봉화에서 돌 줍는 일에 몰두하다 발전소에서 물을 방류한다는 소리를 듣지 못해 갑자기 불어난 물 때문에 동료들을 잃어야 하는 아픔을 겪어야 했다. 여러 번 이러한 위험을 겪다 보니 이제는 지혜도 배웠다고 한다. "너무 욕심내지 않으려고 합니다." 자연과 오래 벗하다 보면 저절로 고개가 숙여지는가 보다. 그의 풍모에 겸손이 묻어난다.

태규 씨는 이 많은 돌을 혼자서 탐색했다. 공부가 미진하여 혹여, 잘 보지 못한 돌들이 없나 심히 저어되기도 하지만 그가 수집한 대부분의 돌은 애호가들로부터 후한 점수를 받고 있다. 초기 탐색에서는 산수경석밖에 눈에 들어오지 않았으나 이제는 웬만한 돌들은 그의 눈을 벗어나지 못한다. 이 때문에 그의 전시관에는 산수경석은 물론이고 바다에서 주운 돌이며 문양석 등 종류가 다양하다.

모든 예술의 경지가 그러하듯 오랜 기간 돌에 마음을 빼앗기다 보니, 최근 한 가지 깨달은 것이 있단다. 젊은 한때, 열정이 넘친 나머지 모든 것을 혼자서 취하고 싶었으나 이제는 스스로 느낀 바를 공유해주는 사람이 그렇게 고마울 수 없단다. 서로의 의견을 개진하며 내면의 세계를 끌어올릴 수 있는 소재로 돌만큼 적당한 것이 없다는 것이 태규 씨의 지론이다.

요즘 그에겐 이것 말고도 즐거움이 하나 더 늘었다. 돌을 보는 안목도가 깊어졌다고 느꼈던 순간, 모든 돌이 새롭게 보이더라는 것이다. 작년에 쓸모없는 돌이라 눈조차 주지 않은 것에서 신비로운 형태의 선이나 미적 감각을 발견할 때의 기쁨은 누려보지 못한 사람은 절대 가질 수 없는 희열이리라. 오랜 구도에서 갈구하던 견성의 기쁨을 돌을 통해 구했으니 그 또한 도인이 아니고 무엇이랴.

족히 20년은 걸린 수고로움을 마다하지 않았으니 능히, 이제서야 고즈넉이 돌들과 대면하며 무언의 속삭임을 주고받을 수 있는 즐거움에 마음껏 취할 수 있으리라.

〈UGN경북뉴스〉 2010년 10월 3일

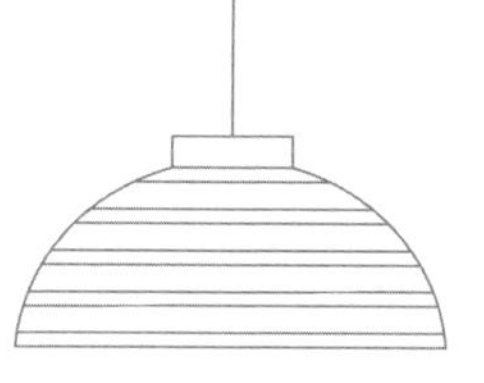

# '정형진' 의 고대사 연구

고대사 연구는 거센 난관을 헤쳐나가야 하는 매우 고된 작업이다. 워낙 자료가 빈약하다 보니 발심으로 달려들었다가도 몇 해 못 가나가떨어지기 일쑤다.

단군만 하더라도 한 · 중 · 일의 자료를 다 뒤져도 A4용지 2쪽을 넘지 않는다. 이렇다 보니 웬만한 공력으로는 도전하기도 힘들뿐더러 공부했다고 해도 어지간히 해서는 이 바닥에 명함조차 내밀기 힘들다.

우리나라 상고사에 상당히 박식함을 자랑하는 한국국학진흥원 윤용섭 부원장이 경상북도에 근무하던 시절 상고사 연구 분야에 상당액의 금액을 배정하고 모 대학에 연구를 부탁했더니 절레절레 두 손, 두 발을 다 흔들더라는 이야기는 우리나라 고대사에 대한 강단사학계의 현주소가 아닐 수 없다.

중국의 동북아공정에 대응하는 측면에서라도 기존의 일제에 의해 주도된 이병도 계열의 고대사 연구의 한계를 넘어서는 새로운 학설이 등장해야 할 시점이지만 우리의 형편은 지금 환단고기나 단군세가 계열의 일방적 민족주의 경향을 강단사학계가 배척하는 형국에서 한 발자국도 더 내딛지 못하고 있다.

일거에 이것을 뒤집은 이는 경주 사는 52세 문경 사람 정형진이다. 남들이 대학 졸업하고 먹고사는 일에 목매달 때 그는 배낭 하나 달랑 메고 중원 천지를 헤매고 다녔다.

스물다섯 해를 방대한 지역을 돌며 우리 민족의 시원을 밝히는 일에 매달려 드디어 한민족 공동체의 시발점에 대한 새로운 해석을 담은 책 4권을 세상에 내놓을 수 있었다.

그의 새로운 가설은 강단사학에서도 인용하는 횟수가 늘어나고 있다. 그가 제기한 설이 머지않아 정설로 굳어진다면 그건 아마 관점을 달리한 그의 연구방식이 주효했기 때문일 것이다. 그는 중국의 신화 속에서 중국 동북지역으로 이동한 주민에 대한 이동 경로를 파악하는 데 주력했다.

그리고 남들이 비교적 소홀히 하기 쉬운 언어학적 연구 결과를 활용했으며 고대 종교를 추적하고 문화사적인 관점에서 바위나 강가 절벽에 새겨진 고대 신앙 흔적에 대해서도 각별한 집중력을 발휘했다.

특히 매장 유물에 표현된 여러 문양의 상징을 연구함으로써 특정 집단의 흐름과 생각을 읽어내는 성과를 얻었다. 정형진의 연구로 상고시대 한민족을 주도했던 엘리트 주민들에 대한 정보축적이 가능해졌다는 것만으로도 역사를 공부하는 학인으로서 그에게 고개를 숙이고 싶은 심정이다.

〈매일신문〉 2012년 1월 12일

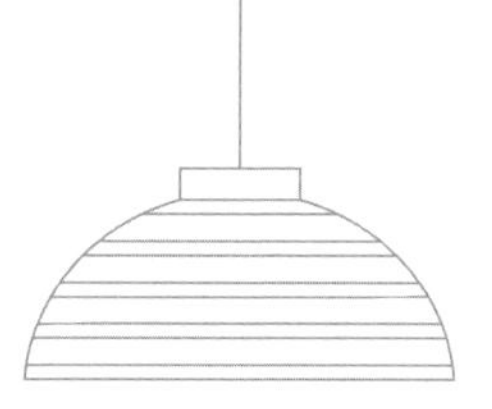

# 남아공 월드컵 최종예선<br>상암구장 답사기

따르릉따르릉 벨 소리에 전화를 받으니 걸쭉한 목소리가 수화기를 타고 흘렀다. 손호영 경북축구협회 회장이었다.

"내일 나하고 서울 상암 축구 경기장에 같이 좀 가자."

"상(喪)중 이어서 곤란한데."

"그전에 약속했으니 지켜야지."

"장례에 준비위원장이 빠질 수야 있나…. 꼭 데려가려면 문상은 와야 이야기가 되지."

"알았다. 안 그래도 가려고 준비하고 있었다."

통화하고 얼마 지나지 않아 손 회장은 친구 고경호와 함께 경북 안동시 성소병원에 빈소가 차려진 권오을 의원 모친상 조문을 다녀갔다.

4일장 하는 동안 아침 녘을 제외하곤 문상을 하려는 사람들로 긴 줄이 이어져 한참을 기다려야 조문할 수 있었다. 난 심상(心喪)을 해야 할 처지였다. 그동안 권오을 의원에게 진 마음의 빚을 조금이나마 갚으려면 이 길밖에 없었다. 그저 오는 사람 안내하고 가는 사람 배웅하는 것이 전부였으나 어려울 때 옆에 있어 주고 싶은 마음이 간절했다.

이걸 어찌할꼬. 상암으로 가려고 하니 심중에서 갈등이 일어났다. 그렇다고 안 가려고 하니 현장을 스케치하고 기록으로 남길 사람을 구하기가 마땅찮았다.

내 임무는 월드컵 7회 연속 출전이라는 역사적 순간을 기록하여 축구협회보와 언론에 글을 싣는 것이었다.

문상을 마친 두 사람은 내일 아침 9시에 경북축구협회 사무실에서 출발한다는 신신당부를 남기고 떠나갔다.

상가에 머무는 시간에도 손 회장의 간곡한 부탁이 내내 귓전을 맴돌아 마음 한구석이 무거웠다. 결정을 일단 뒤로 미루고 저녁 늦게 장례식장을 빠져나와 문상객 맞느라 고생한 이들과 술잔을 나누었다.

오랜만에 마주 앉은 얼굴들이 그지없이 반가웠다. 신심으로 그윽이 상례(喪禮)를 대하는 곡진함이 헤량하기 어려울 만큼 깊어 그 얼굴들이 그렇게 예쁠 수 없었다. 세상인심이 아직 살아 있는 것 같아 마음 한편에 감동의 아련함이 밀려왔다.

아! 세상은 아직 살 만한 곳이구나! 그 순간 내 마음도 조금은 편안함을 느꼈다. 이들에게 상례를 맡기고 상암으로 가야겠다고 마음먹었다. 그때가 새벽 5시가 조금 넘은 시간이었다.

눈을 조금 붙여야겠다고 생각했는데 시간이 어중간했다. 하는 수 없이 마지막 술꾼의 호의에 매달려 해장국집에서 소주잔을 기울이다 7시가 좀 넘은 시간에 친구 고경호에게 전화를 걸었다. 순전히 술기운에서였다.

"어이, 일어났는가? 가야지."

그는 어디론가 가야 한다는 내 말을 잘 알아듣지 못했다.

"이 새벽에 어딜 가자고."
"월드컵 최종 예선 보러 가야지."
"그거 오후 2시다."

친구의 말이 황당하여 그게 무슨 소리냐고 따졌으나 내가 일어나지 못할까 봐 일찍 재우려고 그랬다는 말에 더 이상 뭐라 나무랄 수도 없었다. 새벽까지 글 쓰고 아침에 눈을 붙이는 내 생활습관을 너무나 잘 아는 두 사람이 뒤탈 없애는 예방 차원에서 취한 조치란다.

뒤통수 한 대 얻어맞은 멍한 기분에 그 마음 씀씀이를 아무리 가상히 여긴다 하여도 골탕 먹은 분통은 풀리지 않았다. 은근한 화기(火氣)에 장난기가 발동했다.

"복수해야지."

눈 딱 감고 이른 새벽, 손호영 회장 휴대폰으로 전화했으나 아쉽게도 전화기가 꺼져 있었다. 포기하지 않고 집으로 수없이 벨 소리를 울렸다. 반복되는 전화벨 소리에 잠 깬 목소리는 아직도 잠결이었다. 그 또한 밤늦게까지 과음했으니 숙취를 해소하려면 더 많은 잠이 필요할 것이다. 그 때문에 새벽에 전화질해대는 인간의 몰상식에 화가 잔뜩 치민 말투가 속으로 고소함을 불렀다.

"여보세요."
"어 난데, 경북축구협회 사무실 앞이야. 직원들이 아직 안 나왔네. 오전 9시에 출발하려면  실무진은 2시간 전부터 준비해야 하는 거 아닌가."

나는 갑자기 그의 요구에 너무나 성실하고 열정적으로 임하는 사람의 자세가 되어 손 회장을 대했다. 그는 속으로 기가 찼을 것이다.

평소 글 쓰는 일 빼고 게으르기로 지독한 내가 새벽녘에 나와 이런저런 준비를 해야 한다며 어처구니없는 등쌀을 해대었으니 이게 무슨 묘한 조화인가 싶었을 것이다.

"밤새 술 먹었지."

"허허, 일 도와주려고 일부러 잠 덜 자고 나온 사람에게 그 무슨 섭섭한 소리."

"히히, 참말로 거기 나와 있나."

술 먹은 티 안 내려고 또박또박한 발음으로 시치미 뚝 떼고 정색하여 말하자 배꼽 잡는 웃음소리가 귀를 때렸다. 그 순간 내 입가에 미소가 번졌다. 히히, 잠 다 달아났을 것이니 어지간히 복수한 셈이었다.

버스에 올라타기 전까지의 에피소드다.

한숨 붙이고 오후 2시가 다 되어 경북축구협회(이하 축구협회)가 있는 안동시공설운동장으로 나갔다. 사람들이 이미 다 모여 있었는데 45명 가운데 42명이 축구 가족이었다.

체면 불고하고 좌석에 앉았는데 이방인 3인(정오진, 고경호, 나)은 모두 손 회장의 친구였다. 축구협회에 있는 동기를 포함해서 4인은 나란히 좌석을 한곳에 뭉쳐 앉았다. 친구인 회장의 체면을 손상하지 않을까 어지간히 마음 쓰이는 것도 어쩔 수 없었다.

대절한 관광버스가 출발하자 손 회장이 일일이 탑승한 사람들 소개를 했고, 나는 내 순서에 인사만 하고 서울까지 거의 곯아떨어져서 올라가야 했다. 술기운에 부족한 잠을 차 안에서 해소해야만 했기 때문인데 다른 일행들은 협회에서 준비한 맛있는 음식에 축구 이야기를 양념 삼아 담소를 나누며 즐거운 시간을 보냈다.

옆자리에 앉은 친구 경호가 흔들어 깨워 눈을 떠 보니 서울이었다. 서울 가는 상행선이 한숨 곯아떨어졌다 일어나는 잠시의 순간 같아 묘한 기분이 들었다. 축구장에 입장하기 전 저녁 식사를 먼저 했다. 손 회장과 친구 간인 경기도축구협회 회장인 재선의 민주당 강성종 국회의원이 실무진과 마중 나와 있었다. 우리 일행은 그들이 정성껏 준비해 놓은 저녁을 고맙고 맛있게 먹었다.

차가 밀리는 가운데서도 경기 시작 10분 전에 상암 경기장에 도착한 것은 그야말로 행운이었다. 도로에 차들이 끝없이 줄지어 있었다. 난생 처음 와 보는 상암 구장. 축구를 좋아하기는 했으나 직접 경기장을 찾은 건 대학 시절 이후 처음이었고 시설과 규모가 위용을 자랑할 만했다.

이미 실질적으로 본선행이 확정된 뒤였고 군데군데 빈 좌석이 눈에 띄었으나 대부분은 붉은 악마와 관전자들이 자리를 채웠고, 열기는 뜨거웠다.

경기장에서도 옆자리에 앉게 된 경호는 카메라에 얼굴을 잡히려고 긴 생머리를 최대한 이용했으나 앵글은 야속하게도 그런 경호의 몸짓을 발견하지 못했다. 심상을 하고 있는 나로서는 다행이었지만 경호에게는 추억거리 하나를 잃어버린 것이리라.

대신 앵글은 경북에서 올라온 45명 일행 가운데 단 한 사람을 잡았다. 본부석 로얄 박스 조중연 한국축구협회 회장 바로 뒤에 있던 손호영 회장의 얼굴이 클로즈업된 것이다.

코를 후비는 장면이었는데 그 순간 안동에서 바리바리 전화벨이 울려

퍼졌다.

“코 좀 후벼 파지 마소.”

“…….”

경기는 전반에 이란 팀에게 선제골을 내주기 전까지 대체로 느슨하게 흘렀다. 그러나 텔레비전으로 보는 것보다 훨씬 박진감 있어 좋았다.

한국 팀의 10번 박주영 선수의 진가는 경기장에서 두드러지게 보였다. 공의 낙화 지점 포착이 정확했고, 점프력 또한 탁월했는데 하늘 높이 뛰었다 하면 공이 한 번도 그의 머리를 벗어나지 않는 것을 보고 놀라움을 금치 못했다. 늘 텔레비전 화면 속의 박주영은 최고가 되기에 뭔가 2% 모자라 보였는데 이날 본 박주영은 새로운 축구스타 박주영이었다. 내겐 이것이 그날 최고의 발견이었다.

얼굴도 처음 보고 이름도 모르는 한국 팀 14번의 수비 실력을 직접 눈으로 보는 것도 쏠쏠한 재미였다. 그의 볼 처리 솜씨는 홍명보의 대를 이를 만한 수준이었다. 최종 수비수로 낙점하여도 전혀 손색이 없는 실력이었다.

박지성의 놀라운 집중력을 확인하는 기쁨 또한 매우 컸다. 이날 평소보다 기대에 못 미치나 싶었는데 역시 빅 스타는 뭐가 달라도 달랐다. 후반 들어 이란 선수들이 체력이 소진될 때쯤 이근호가 만들어 준 찬스를 끝까지 파고들어 골로 연결하는 그의 액션파워는 역시 한국 축구의 대표 얼굴다웠다.

내가 앉은 우측에서 관전한 박기도 심판의 해설도 이날 관전의 백미였다. 양국 선수의 이름부터 특기 등 그의 해박한 축구 상식은 둔감한 나에게 여러모로 도움이 되었다.

경기 결과는 1:1. 이날의 관전 포인트는 남북한 동반 월드컵 본선 진출. 그렇게 하려면 적어도 우리가 비겨 주어야 했다. 전반에 한 골 먹고 패색이 짙던 후반 기적적 동점 골은 박지성의 왼발로 완성되었다. 이로써 남북한 동반 진출의 기회가 열렸고 북한이 사우디와 비기기만 하면 역사적인 대기록이 세워지는 것이다.

북한 또한 사우디와 0:0으로 비겼다. 남북한 월드컵 본선 동반 진출이라는 한민족 공동의 소망이 이루어진 것이다. 쾌거가 아닐 수 없었다.

경북축구협회 임원들과 가족들은 그날 축구의 역사적 의미를 잘 이해하고 있었다. 그들은 이것을 발판으로 경색된 남북관계에 활로가 열리기 바랐다. 우선 조업이 중단된 개성공단이 하루빨리 타결되어 남북공동번영이라는 미래의 가치가 훼손되는 일 없이 지속되기를 빌었다.

축구가 단순히 선수와 국가 간의 대항전이 아니라 정치를 변화시키는 힘이 되고 발판이 될 수 있기를 바랐고, 우리 일행은 그날 그것을 확인했다.

경기를 마치고 내려오는 차 안에서 손호영 회장이 한 말은 실로 가능한 일임을 나는 이 순간에도 굳게 믿고 있다. "축구를 통해 우리가 한민족, 언젠가는 하나의 공동체로 살아가야 하는 민족구성원이라는 것을 현실에서 축구만큼 여실하게 보여주는 대상은 없을 것입니다."

2009년 6월 17일, 대한민국 축구가 연속 7회 월드컵 출전이 확정된 시간에 경북축구협회 임원들과 상암에서 그 역사적인 순간을 함께 했다는 것이 개인적으로 가슴 뿌듯함으로 남아 있다. 이 자리를 빌려 이방인을 가족처럼 따듯하게 대해 준 정기수 부회장님, 장찬진 전무님 등 관계자분들의 호의에도 감사의 마음을 전한다.

〈UGN경북뉴스〉 2009년 6월 24일

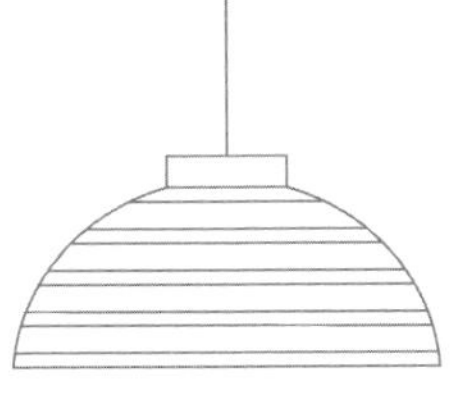

# 풍산 류씨 북촌댁

안동 하회에는 풍산 류씨들이 많이 산다. 서애의 7년간의 국란을 수기체로 기록한 그의 『징비록』(국보 제132호)과 여러 유물이 이곳에 보존돼 있다. 풍산읍 풍천면 일대의 오랜 민간전승놀이 풍산별신굿(하회별신굿)이 전해 내려온다. 1999년 봄 방한 3일째로 영국 엘리자베스 2세 여왕이 한국 전통의 고장으로서 봉정사와 하회를 방문해 우리 문화에 대한 관심을 표명해 더욱 유명해졌다. 이곳 하회는 낙동강 줄기가 S자 모양으로 동 · 남 · 서를 감싸 돌고 있고 독특한 지리적 형상과 빼어난 자연경관을 갖추고 있다. 하회(河回)라는 마을 지명은 낙동강 물이 동쪽으로 흐르다가 S자형을 이루면서 마을을 감싸 도는 데서 유래했다.

원래 하회마을의 터줏대감은 고려 중엽 처음 마을을 연 문중(開基門中)은 허씨 문중이다. 그 뒤 안씨가 터전을 잡기도 했으나 크게 융성하지 못하고 만다. 이렇던 하회마을이 조선 초기 류종혜가 입향(入鄕)하면서 6백여 년 전통을 잇는 마을로 형성되었다. 이곳에 와서는 '허씨 문전'에 '안씨 터전'에서 '유씨 배반'이라는 말부터 듣게 된다. 배반(杯盤)이란 낯선 단어는 잔치판 또는 씨앗의 알눈을 뜻하는 배아(胚芽), 배자(胚子)로도 풀이되고 있다. 허씨네가 마을의 문을 열자 안씨네가 터전을 잡고 유씨네가 들어와 열매 맺었음을 빗댄 것이다.

풍산 류씨(豊山柳氏) 시조 류절(柳節)은 고려 초에 낮은 벼슬인 호장을 지냈다. 시조의 7세손 류종혜가 조선 초에 공조전서를 역임한 뒤 경상도 안동부 풍산현 하회촌으로 낙향, 현재의 터를 잡았다. 그러다가 풍산 류씨를 중흥시킨 이는 류종해의 원손으로 류운룡(柳雲龍)·성룡(成龍) 형제 대(代)로 16세기 말이다. 하회에 사는 풍산 류씨를 하회 류씨라고 한다. 유학자인 류운룡은 풍기 군수를 지냈으며 류운용의 아우가 바로 유명한 서애 류성룡(柳成龍)이다.

이번 호에서 다루고자 하는 문중이 서애의 7대손에서 갈려 나온 북촌댁이다. 하회마을을 크게 남촌과 북촌으로 나눌 수 있는데 북촌에 있다고 해서 세칭해온 말이다. 서애의 7대손 중에 첨지중추부사(僉知中樞府事)를 지낸 류사춘(師春)이 북촌댁 집안 파조 격이다.

현재의 북촌댁 규모는 류사춘의 후손 류도성이 1862년(철종 13년)에 완공하였다. 사랑채, 안채, 별당채, 사당, 대문간채를 두루 갖춘 전형적인 사대부 가옥이다. 북촌댁의 당호는 엄밀히 말하면 화경당(和敬堂)이다. 화경당 류이좌(柳台佐, 1763~1837년)는 지중추부사 류사춘의 맏이다. 자(子)는 사현(士玄)이고, 호는 학서(鶴棲)다. 1794년(정조 18년) 정시병과에 급제하고 규장각 강제문신(초계문신)에 발탁되었다. 정조 순조 양조에 걸쳐 의금부부사(義禁府府事), 도총부부총관(都摠府副總管), 한성우윤, 예조와 호조 참판을 역임했다. 1824년 번암 체제공 문집 『번안집』과 우복 정경세의 연보 간행에 참여했다. 헌종 3년에는 퇴계문집을 중간했는데 이때 주간자를 역임했다. 문집 20권 10책을 남겼다. 주요 저서로는 번암 채제공의 의리를 신변하는 내용을 담은 『천휘록(闡揮錄)』, 초계문신 재직 시의 강제문, 정조의 은유를 수집한 『백세운결혹(百世隕結錄)』, 『금강록(金剛錄)』, 『기송록(記誦錄)』, 『공경(恭敬)』 등이 있다.

그는 동부승지(同副承旨)에서 시강원보덕(侍講院輔德)에 좌천되자 귀향하여 의장(義庄)을 설치하여 가난한 이웃을 도왔다. 적덕지가(積德之家, 덕을 쌓는 집안에) 필유여경(必有餘慶, 반드시 경사스러운 일이 있다)의 큰 뜻을 실천하려는 것일지도 모른다.

"河回는 鶴棲(류이좌)의 자손이 되어야 하고 양동(良洞)에는 수졸당(守拙堂, 李宜潛)의 자손이 되어야 한다"는 세간에 전해 오는 말이 있다. 학서 류이좌는 그만큼 비중이 있는 인물이라는 뜻으로 해석된다.

화경당의 가승(家乘)은 이때를 기점으로 이후 200년 동안 노블레스 오블리주의 정신으로 면면히 이어져 왔다. 학서의 7대 주손 유세호 씨(58세)는 양반의 후예로 3천석 부잣집이었지만 어릴 적 쌀밥을 먹은 기억이 없다고 한다. 화경당이 가마니 안에다 피를 넣어서 오고 가는 문입구에 걸어둔 이후로 조와 보리, 수수를 쌀과 혼합한 조장숙이 주식(主食)이 되었단다.

"아버지도 저에게 늘 저것조차 먹지 못하는 사람이 있다는 것을 기억하라고 가르쳤습니다."

학서의 학문 활동도 두드러지지만 북촌댁을 소개하는데 빠뜨릴 수 없는 것이 학서의 어머니 연안 이씨(1737~1815년)가 지은 규방가사다. 연안 이씨는 이조판서를 지낸 이지억의 따님인데 총 9개 문단 327구로 구성된 쌍벽가(雙壁歌)를 1794년(정조 18년) 사월 초하룻날 하회에서 지었다.

내용은 연안 이씨가 1794년(당시 58세) 장자 학서와 그와 동갑내기

종형(從兄)인 류상조(相祚)가 동학하고 과거에도 나란히 급제하자 그 기쁨을 노래한 것이다. "동연동학(同硯同學) 하였더니 동일도문(同日到門) 하는구나" 등의 쌍벽가는 작자, 연대, 장소를 확실하게 알 수 있는 규방가사 중 가장 오래된 것이며 문장 또한 유려하여 국문학사에 차지하는 비중이 상당하다.

석호(石湖) 류도성(柳道性, 1823~1906년)은 학서의 손자다. 화경당의 작은 사랑이 수신와(어려운 이웃을 생각해 언제나 삼가면서 겸손하라는 뜻)인데 이 말은 곧, 북촌댁 화경당의 정신이다. 류도성은 1823년(순조 23년) 태어나 안동 주변 유림의 영수로 지내다가 과거를 거치지 않고 학행으로 천거받아 경상도사(1882년)와 선공감역(繕工監役)을 역임하고 1906년(고종 10년) 84세의 나이로 운명했다.

류도성의 '수신와 정신' 이 빛을 발한 건 1859년 여름에 발생한 홍수 때다. 문상 다녀오던 일가 수십 명이 탄 배가 부용대에서 마을 쪽으로 건너오던 배가 급류에 뒤집힌 것이다. 날이 어두워 사물을 분간할 수 없었는데 마침 강 주위에 류도성이 집을 짓기 위해 3년간 말려둔 춘양목이 쌓여 있었다. 집의 기둥이나 들보, 도리로 쓸 재목들이 구명보트 대신 강물로 던져졌다. 나머지 나무들도 불을 밝히는 화목으로 사용되었다. 이 덕택에 인명을 구할 수 있었고 소문은 널리 퍼졌다. 이후 다시 재목을 구해 현재의 집을 지을 수 있었다.

화경당의 수신와 정신은 달리 표현하면 신분에 맞게 도리를 다하는 행위라고 말할 수 있다. 이 집의 이러한 정신은 흉년에 더욱 빛을 발했다. 사랑채 앞에 밥그릇, 국그릇, 수저를 두고 누구든 배고픈 사람은 와서 먹게 했다. 요즘 말로 하면 뷔페의 원조인 셈이다.

또한 소작료와 소작인의 관계에서도 여실히 드러나고 있다. 집 안에 행랑채를 짓는 대신 마을 안에 노비들의 집을 지어 주었다. 퇴근 후에는 자유를 누릴 수 있도록 배려한 것이다. 소작료는 다른 부자들이 6할, 7할도 받았지만 이 집은 5할을 받았고, 사정이 어려우면 4할도 받았다. 이러한 후덕함 때문에 소작인 혁명이라고 할 수 있는 동학혁명 때 이 집이 무사할 수 있었다. 동학군이 들이닥쳤지만 마을에서 화경당은 건들면 안 된다고 했다. 부자들을 공격하는 동학군이었지만 화경당에 와서는 정중하게 인사만 나누고 지나갔다.

류도성의 도량과 인품은 사사로움을 버리고 대의를 택함으로써 얻어진 것이다. 이와 같은 일화는 여기서도 잘 보여지고 있다.

1895년 단발령이 내려지자 고종의 명을 받은 칙사가 유림의 영수인 유도성이 솔선수범하여 단발해 줄 것을 강요했다. 이에 유도성은 안동의 대부분의 유림들이 그러했듯이 "내 목은 잘라갈 수 있을지언정 머리는 손댈 수 없다"며 추상과 같은 호령으로 물리쳤다고 한다.

1905년 83세 때에 나라가 국치를 당하자 매국노 5명을 처단하라는 '을사오역토소' 라는 상소를 올리고 노구에 안동지역 의병을 모으는 데 앞장섰다고 한다.

이러한 대의 정신은 류도성의 고손인 몽거(夢擧) 류영하에게 대물림되었다. 류영하는 서울중앙고보 재학 시절 학우들과 5인 독서회를 만들어 독립을 위한 민중조직을 만드는 데 앞장섰다. 1941년 5학년 때는 항일유격대와 해외 유학생들과의 연락활동을 하다가 발각되어 함흥까지 끌려가 옥살이를 했다(참조 안동판독립사 저자 김을동, 항일학생운동사 연구 저자 정세현). 해방되고 1961년에 영덕군수를 역임했다.

이 집의 주손인 류세호 씨의 꿈은 선조가 물려준 화경당을 원형 그대로 보존하여 후대에 물려주는 것이다. 이 때문에 그는 아직도 9개의 아궁이에 땔감으로 군불을 때고 비가 오면 어김없이 비닐로 한옥의 나무들을 감싼다.

많이 불편하지만 교육의 장으로 남기고 싶다는 말에서 고가옥을 우리가 모두 국가의 재산으로 바라보아 주기를 바라는 그의 간절한 바람이 읽힌다.

〈경북in뉴스〉 2016년 1월 6일

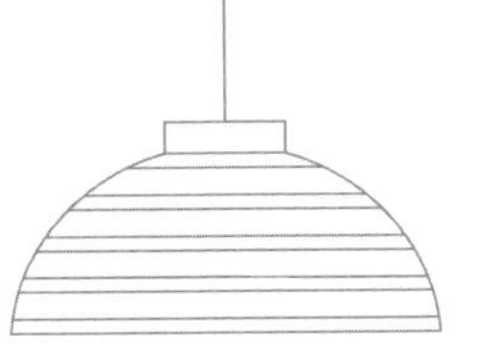

# 안동인 임대식<br>청년유림 수장에 오르다

**언론을 통해 임대식(58세)** 전 안동청년유도회 회장이 제17대 성균관청년유도회중앙회 회장으로 선출되었다는 소식을 듣고 불현듯 머릿속을 스치며 떠오른 것은 역시 안동이라는 생각이었다.

세계청년유림대회를 성황리에 치른 경험이나 회장에 오르기 전 사무총장과 재무부 회장을 역임하며 조직을 위해 헌신한 개인적 역량이 회장직을 감당하기에 충분한데도 이런 느낌이 먼저 든 것은 성균관이라는 상징성과 안동의 정체성이 퍽 닮았기 때문일 것이다.

그것을 반증하듯 대개 안동인은 성균관을 선조가 다닌 대학이라고 받들고 그곳에 문묘 배향한 이 땅의 선현을 자랑스럽게 여긴다. 그리고 그러한 선조를 닮아 가려는 몸가짐을 여기저기서 쉽게 찾아볼 수 있다.

전국에서 청년유림의 활동이 가장 활발한 이유도 다 그와 같은 것일 것이다. 타 지역에서는 회원 구하기가 어렵다 보니 다음 세대에 유림 활동이 끊어지는 것이 아닌가 걱정하는 사이 안동은 오히려 가입자를 선별할 만큼 유림이라면 존중받는다.

이 때문에 회원들의 자부심은 여느 단체가 감히 따라올 엄두를 못 낼 정도다. 제15대 이동수 중앙회장에 이어 이번 제17대에 다시 안동 출신인 임대식 회장을 배출할 수 있었던 농밀한 배경 또한, 안동만의 이러한 여건과 분위기가 한몫했을 것이다.

이와 관련하여 재미난 말이 있다. 남자가 저승에 가면 염라대왕이 꼭 묻는 말이 두 가지가 있다고 한다.

하나는 "네 생전에 안동청년유도회 회원이었나."이고, 다른 하나는 "네 생전에 하회별신굿 봤나."라고 묻는다는 것이다. 그래서 둘 중에 하나라도 아니라고 하면 인생 헛살았다며 크게 혼난다는 것이다. 이 우스갯소리만 보더라도 안동인의 자부심이 어느 정도인지 짐작할 수 있을 것이다. 시인 유안진은 그러한 안동과 안동인의 모습을 눈비도 글 읽듯이 "내려오시며/ 바람도 한 수 읊어 지나가시고/ 동네 개들 덩달아 댓귀 받듯 짖는 소리/ 아직도 안동이라/ 마지막 자존심 왜 아니겠는가"라며 노래했다.

임대식 님의 성균관유도회중앙회 회장 당선은 모처럼 이런 안동의 자부심을 각인하는 좋은 계기가 되었으리라 믿는다. 이를 기회로 부디 후학을 잘 보듬고 키워 오늘의 영광스러운 역사가 깊은 연륜과 전통이 되는 길을 열어 가기를 소망해 본다.

〈UGN경북뉴스〉 2015년 12월 3일

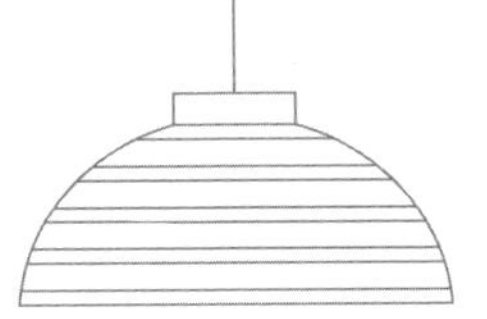

# 작가 권준론

작가 권준의 담채(淡彩)나 소묘(素描), 그리고 데생을 보면 그가 얼마나 선을 미학적으로 표현하는 데 탁월한 재능을 가졌는지 알 수 있다. 아마, 훈련과 연습으로는 도달할 수 없는 이러한 타고난 재능 때문에 일찍이 신동 소리를 들었을 것이다. 색채로서 인물의 깊이를 드러내어야 하는 인물화에서도 선의 미학은 여전히 살아 있다. 화폭에 펼쳐진 선은 분출하는 그의 정신을 담고 있되, 안정되게 내재되거나 표출되어 있다.

권준은 표현의 목적을 위해 과장을 동원하지는 않는다. 오히려 그 반대의 경우다. 형태의 생략을 통해 작품의 깊이를 드러내기를 즐겨한다. 그의 미학은 한마디로 감춤의 미학이다.

그의 이 같은 추구는 특히 인물화에 두드러지게 나타나는데 나는 내 눈이 발견한 작가 권준이 형태의 화가라는 데 조금의 의심도 없다. 이 말이 어떻게 들릴지 모르지만 그의 누드 초상화나 인물 스케치를 유심히 보면 그림 속 주인공의 생생한 감정 상태를 읽어내는 코드가 색감이나 어느 한 부분의 선에 치중된 것이 아니라, 전체로 연결된 선들의 유기적 조합에서 피어나고 있음을 보게 된다. 없으나 있는 것처럼 느껴지도록 만드는 힘. 방치해도 형태에서 메시지가 읽힐 수밖에 없는 교묘한 이중의 장치는 감상자들의 이해를 돕기 위해 그가 고안해낸 소통의 의도적 방식인지 모른다. 권준의 이러한 실험 정신은 소위 전신기법인 눈동자나 광대뼈, 뺨, 입술 등을 통해 인물의 관념성을 드러내려 했던 조선조 화공들이나, 거장 렘브란트가 이룩한 정신을 얼굴 속으로 끄집어낸 것보다 한 단계 더 나아간 확장된 세계일지 모른다.

그의 누드화를 감상한 사람은 느꼈을 것이다. 손끝으로 빚어낸 색의 농도는 갖춤이 있고 난 뒤 자연스럽게 뒤따라온 꾸밈의 미학이라는 데 기꺼이 동의할 것이다. 그가 벗겨 놓은 여인들에게서 우리의 눈이 관능을 미처 다 훔치기도 전에 뇌를 고독으로 전환해 버리는 마력에 취하게 된다. 이건 뭐랄까, 고독감에서 오는 편안함 같은 것이리라. 기실, 이 말은 대단히 어렵다. 고독이 배어져 나오는데 편안한 느낌이라니. 고독한 편안함과 외로움의 여유라는 것이 가능할 것 같지 않기에 하는 말이다.

그러나 우리가 한 번 더 그윽하게 바라보면 대상을 무의미하게 바라보는 듯한, 그녀들의 눈빛에서 관조의 미학을 발견하는 건 그리 어렵지 않다. 여인은 바라보고 있는 대상 속에 녹아 있다. 그림 속 여인들은 하나같이 채취에서 지친 영혼을 감싸 안을 듯 위로를 건네고 있다. 고독한 여자가 고독한 남자를 끌어안을 것 같은 깊은 울림을 자아낸다.

그러나 누가 그 느낌을 설명하라면 대략 난감이다. 도가도비상도(道可道非常道)라고 말할 수밖에 없다. 즉, 도를 도라고 말할 수 있는 도는 도가 아닌 것이다. 직관으로 얻어진 세계를 풀어서 말하라는 것은 무형의 정신적 영역을 고스란히 해부할 수 있다는 말과 같다. 이심전심법이고 교외별전이니 스스로 감상하고 느끼는 수밖에 달리 도리가 없을 듯하다.

다만, 여기서 사족처럼 하나 덧붙일 것이 있다. 그림을 감상하는 것은 감상자가 사유한 세계로 작품을 보는 것과 같다. 그것은 우리가 여럿이서 똑같은 영화를 감상했을 경우 감정의 표출에서 공통된 분모, 가령, 희로애락의 표출은 칸트식으로 말하면 선험적 경험이다. 그러나 감성을 동원하여 작가의 메시지를 읽어야 하는 작품의 예에서는 이야기가 달라진다. 이 경우에는 안목이 동원되고 보는 각도와 눈높이에 따라 작품의 해석과 이해도가 달라지기 때문이다. 그러니까 지금 내가 하고 있는 이야기는 작가 최성달이 사유한 세계로 본 권준 작품과의 소통이라는 말이다. 그러니 이쯤 해서 시건방진 소리는 접으려고 한다. 내가 정작 하고 싶은 말은 다른 곳에 있다.

고백하자면 내가 권준에게서 기대하는 것이 있다. 나는 그가 머지않은 시기에 가장 깊숙한 고독을 뽑아 올리기 위한 여정으로 나아갈 것이란 예감과 직면한다. 그의 정신의 원류이면서 그래서, 귀착점이 될 수밖에 없는 영혼의 아득한 곳으로의 질주. 그 마지막 극점(極點)에서 나는 그가 그림의 신과 만나게 될 것이라는 믿음을 가져 본다.

고흐가 광기의 붓놀림을 캔버스에 그대로 노출했듯, 권준 또한, 붓질마다 충만한 달인의 영감이 드러나는 대상은 그가 사람의 고독을 묘사할 때다. 누드와 노인 초상화에서 여실하게 배어져 나오는 그만의 감정선들은 이때에 와서 비로소 확연해짐을 발견한다.

그녀들의 외로움과 노인의 고독한 체온이 감상자에게 처절하게 전달될 것 같은 전율은 필시 서늘한 눈매로 인간의 영혼을 관통하는 권준의 독심술 비법 때문일 것이다.

나는 반듯하고 잘 먹고 잘사는 놈들이 그림 잘 그리는 것을 보지 못했다. 그런 그림에는 신뢰감이 없다. 겉치레만 녹아 있는 외양이 화려한 그림은 이내 식상함을 주기 마련이다. 권준에게 교과서적인 삶을 요구하는 것은 그보고 붓을 들지 말라는 욕과 같다. 나는 그가 일탈을 꿈꿨을 때 그의 예술혼 또한, 덩달아 빛을 발한다고 보는 사람이다.

나는 작가 권준이 관학(官學)의 그림으로 빠져드는 것을 원치 않는다. 오로지 청신한 자유의 정신이 빚어낸 깊숙한 곳으로의 도달을 염원한다. 그를 멀쩡하게 세워 놓으려는 의지는 제발 버려라. 그를 자유롭게 내버려두라. 제멋대로 생각하고 미친 듯이 구상한 세계를 캔버스에 옮겨 놓을 수 있도록 마음껏 내버려 두어야 한다. 만약 누군가 권준을 이해하고 싶다면 조용히 그의 내면에 귀 기울이면 될 일이다. 당신의 의지가 발동되면 권준의 정신은 녹슬고 당신은 그의 정신을 갉아먹는 해충이 된다는 것을 명심하라. 그에게서 고작 우리가 할 수 있는 일이란 물정 때문에 그림에 몰두할 수 없는 환경적 장애만 제거해 주면 그것으로 족하다.

그러나 실은 이 일이 그리 간단치 않다. 세상은 권준을 가만히 내버려 두지 않는다. 고단한 삶이, 이해해 주지 않은 세상이, 그를 자꾸만 어지러운 곳으로 내몬다. 그가 삭적을 결심할 만큼 이 땅은 척박하다.

불행히도 죽농과 조르주 루오가 그랬던 것처럼 그 또한, 이해되지 않은 세상과 맞서 자신의 작품을 모두 불살라 버리려 했다.

서울 생활 20년 만에 찾은 고향 안동은 대가의 작품 34점을 싸구려 1천만 원으로 몽땅 훔칠 만큼 아직까지 그에게 벽으로 남아 있다.

상처받은 그의 정신이 움츠러들고 경직되면 큰일이 아닐 수 없다. 상상의 나래가 내려앉고 고독의 뒷심으로 버티던 가열찬 붓끝이 둔탁해지는 순간, 우리는 회복할 수 없는 지경에 이른 그의 정신과 대면할지 모른다. 이는 실로 끔찍한 일이다. 그가 온전하지 않은 일로 부산을 떠는 것은 우리 스스로 참을 수 없는 모욕이다.

세계 미술사를 세잔과 고흐, 그리고 고갱이 실질적으로 주도하고 있었는데도 아무도 그들을 당대에 알아보지 못한 실수를 우리 또한, 권준에게 저지르고 있는지 모른다. 그리고 싶은 것만 그리게 하는 것, 그것이 보배로운 그에 정신에 대한 최소한의 예우고 예의다. 그것이 그렇게 힘든 일인가.

〈UGN경북뉴스〉 2009년 6월 9일

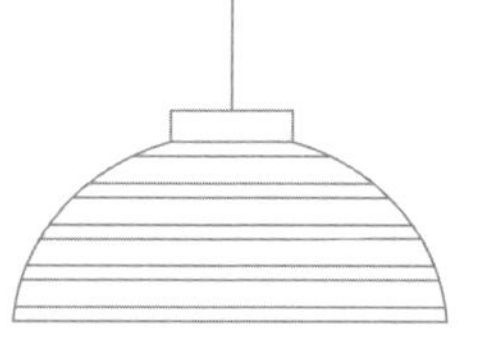

# 낙동강 70리 생태공원

— 강 따라 길 따라 문화가 피어오른다

안동시가 사업비 1,442억 원을 투입, 역점을 두고 추진하고 있는 임하댐에서 풍천면 구담리 낙동강 70리 생태공원 조성 사업의 성과가 조금씩 드러나고 있다.

목표한 13곳 중 낙동강 생태 학습관, 선어대 생태 습지, 백운정 솔숲, 마애솔숲 문화공원, 병산하회전통문화단지는 완공되었고, 하아그린파크 등 5곳은 추진 중이며 구담생태습지 등 2곳만 미착공 지역으로 남아 있는데 이것도 조만간 완료될 것으로 보인다.

이처럼 지금 생태를 매개로 한 사업들이 곳곳에서 펼쳐지고 녹색성장이 대세를 이루는 시대가 되었지만 이 계획이 처음 수립된 8년 전만 해도 대부분의 사람은 개념조차 이해하지 못했다.

반추하기로 8년 전 김휘동 안동시장이 민선시장에 출마하면서 공약으로 낙동강 70리 생태공원이라는 말을 처음 꺼냈지만, 옆에서 보필했던 필자조차도 개념이 생소한 데다 강과 연계하여 무엇을 만들어낸다는 발상 자체가 괴이하여 선뜻 마음으로 받아들이지 못했던 기억이 있다.

겨우 권오인 현 안동 독립기념관 기획실장의 조언으로 테네시 강 유역 공사의 예를 공부하며 짧은 지식을 채웠을 만큼 8년 전만 해도 강을 개발하고, 강과 연계된 생태라는 말은 언뜻 이해할 수 없는 구석이 있었다.

그러나 안동 임하 양 댐의 건설로 피해 의식이 팽배해 있었던 당시의 안동 상황을 되돌아보면 너무 잘했다는 생각이 든다. 이만 한 대안이 있을까 싶을 정도로 이 사업은 재앙의 대상으로 여겼던 물과 물이 흐르는 유역을 축복의 공간으로 바꾸고, 비관의 역사를 희망의 역사로 탈바꿈시킨 8년간의 거대하고도 장구한 역사였다.

더 많은 보완과 지속성을 담보해야 하겠지만 강 따라 문화를 꽃피우고 환경을 복원하며 녹색성장의 거점을 만들겠다는 야무진 포부가 영글어 가는 것만으로도 박수를 보내지 않을 수 없다.

이 과정에서 역사와 인연의 신묘함도 맛보았다. 물론, 누군가의 선견지명이겠지만 정부의 4대강 사업이 지난해 12월 29일 안동에서 한승수 국무총리, 정종환 국토해양부 장관, 이만의 환경부 장관이 참석한 가운데 첫 삽을 뜬 역사적 사실은 결코 우연이 아니다. 안동시의 탄탄한 밑그림과 그동안의 추진 실적이 있었기에 장대한 역사의 첫발이 안동에서 시작될 수 있었다.

〈안동인터넷뉴스〉 2010년 4월 28일

# 2부

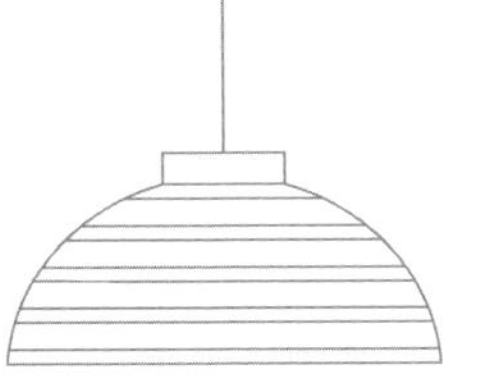

경상도를 빛낸 위대한 인물(가문) 3

# 정평공 손홍량

일직 손씨의 중시조인 정평공 손홍량에 대해 공부하게 된 것은 순전히 그의 26세손인 손호영 안동시자원봉사센터 이사장 때문이었다. 따지고 보면 뮤지컬 〈왕의 나라〉가 만들어지게 된 계기도 그의 유별난 조상 흠모에서 비롯된 것이다. 그의 강권에 가까운 애원이 없었다면 밤새워 서재를 뒤져 가며 손홍량을 탐독하는 사건은 애초에 벌어지지 않았을 것이기 때문이다. 그나저나 그렇게 하는 바람에 두 사람 모두 얻은 것이 많다. 그는 몇 년 전 공민왕이 정평공에게 하사한 지팡이인 구절산호용장(九節珊弧龍杖)을 복원하여 특허청에 상표등록을 마친 뒤 관광 상품화시킨 것에 대해 후손으로서 대단한 자부심을 느끼고 있다. 나 또한 손홍량에 관해서는 무시 못 할 전문가가 되었으니 일거양득인 셈이다.

7백 년의 시공간을 뛰어넘어 손홍량에게로 깊숙이 들어갈수록 그와의 대면이 갖는 의미를 작가적 본능으로 직감했다. 이 작업이 그리 간단치 않을 것이며, 완곡하게 비켜 가지 않는 한 역사적 충돌은 피할 수 없는 지경에 이를 수 있다는 중압감이 글 쓰는 내내 나를 짓눌렀다. 피할 수만 있다면, 솔직히 비켜서 가고 싶었다.

아마 단언하건대 7백 년 전, 한 사나이도 그랬을 것이다. 왕조가 바뀌는 격동의 소용돌이에 휘말린 가문을 어떻게든 지켜내고 싶었을 것이다. 그러나 그의 선택은 (몸) 숙임으로써 얻을 수 있는 전부 대신, 그렇게 하지 않음으로써 전부를 잃는 일직(一直)의 길이었다. 그러니까 이 이야기는 절박한 상황에서도 부당한 권력에 꺾이지 않았던 한 가문의 파란만장한 삶(정신)의 보고서다.

이 가문의 이야기가 왜 이토록 오래도록 아웃사이드(변방)에 머물러 있었는지 알아차리는 데 그리 오랜 시간이 필요치 않았다. 거대 문중이 밀집해 있는 안동이라는 지역적 특수성을 감안하면 그리 이상한 일도 아닐 터이다. 별것 아닌 일도 포장하고, 엄연한 역사적 사실마저 기이한 논리로 뒤엎어버리는 희한한 일도 보았던 터라, 어느 가문의 오래된 역사가 비밀창고에 꽁꽁 숨겨져 있었다고 해도 별로 이상스러울 것은 없다.

난 정면으로 가기로 마음을 정했다. 역사의 깊숙한 어느 한 지점에서 해후한 그는 이미 내게 빼 든 칼을 도로 집어넣지 못하게 할 만큼, 충분히 매혹적이었다. 도저히 감당할 수 없을 것 같은 역으로 치닫는 광폭한 기세에 눌리지도 물러서지도 않은 도도한 정신을 대면할 수 있음은 예나 지금이나 특별한 기쁨이 아닐 수 없다. 그의 정신은 이 시대에도 여전히 유용하다.

역사 속의 인물 손홍량에 접근하면서 나름대로 몇 가지의 원칙과 기준을 세웠다. 첫째, 그의 정신을 이 시대에 불러내고 싶은 욕심에 해석 가능한 범위 내에서 내 역할에 최선을 다하고자 했다. 그러나 부족한 사료로 빚어지는 어쩔 수 없는 한계상황은 틈새 역사해석으로 이를 보완

하고자 노력했다. 역사를 만들어낼 수는 없으나 보존된 하나의 사실을 갖고 상관관계를 유추할 수 없다면 우리 역사의 공백은 무엇으로도 메꿀 수가 없을 것이다.

아울러, 손홍량 가문의 정신이 이 시대에 어떻게 반영되고 있으며, 만약 반영되고 있지 않다면 그 연유가 무엇인지 주의 깊게 살폈다. 이 문제는 또한, 고려개국의 일등공신인 삼태사와 중기의 걸출한 인물 김방경을 이은 위치에 정평공 가문(고려말)이 자리하고 있다는 점에서 조선 중기 퇴계로 이어지기까지 공백으로 비워져 있는 안동 정신의 부활이라는 측면에서 상당한 의미를 지닐 수 있는 작업을 방기했다고 해석할 여지가 있다는 점에서 정확하게 우리의 반성과 연결되는 부분이 아닐 수 없다.

이 사안은 뒤에 언급하겠지만 사상적 측면에서 조망 여하에 따라 얼마든지 유교적 학풍(주자학을 한정하는 말이 아님)을 계승한 주류적 안동 정신으로 승화시킬 수 있다는 생각을 해 보았다. 이 때문에 짧은 시간이지만 손홍량이라는 인물이 갖는 역사적 비중과 역할 속에서 숨겨진 암호를 발견하려고 갖은 애를 썼다.

단 3일간의 몰입이지만 안동 문화에 접근하면서 느낀 소회는 우리 역사가 승자 중심으로 기록되었다는 점을 다시 한번 확인하는 일이었다. 정치적 승자는 말할 것도 없거니와 이러한 기류는 문화적 승리자에게도 고스란히 적용되고 있었다. 이 글을 읽은 이들은 이제 왜 안동에서 그리고 우리 역사에서 문중 중심으로 과도하게 치중되고 편중된 맹목적 역사 인식이 엄청난 오류와 왜곡을 낳을 수 있다는 것을 깨달을 수 있을 것이다.

원고 청탁을 받고, 자료수집과 취재, 사진 촬영을 단 3일 만에 해치워야 하는 시간적 촉박성 때문에 잠을 한숨도 자지 않은 성실성을 담보하고도 어느 정도 한계를 드러낼 수밖에 없었음을 고백하지 않을 수 없다. 이 점 뒷날 시간을 내어 보완할 것이지만 뜻있는 학자 제현의 분발을 촉구하는 바이다.

## 정평공의 가계와 벼슬길

정평공 가계에 대해서는 영조 15년, 곡강 배행검이 지은 『정평공유사』가 있다. 거기 기록된 바에 따르면 선생의 본성은 순(洵)이었으나 현종의 이름과 같아 그의 5대조 응(凝)대에 손이라는 성을 하사받았다.

원래 복주의 타양현(현재 일직면과 주위의 몇 개면이 합쳐진 지명의 이름으로 생각된다) 사람이며 시조 간(幹)이 신라왕을 모시고 일직군에 행차하니 비로소 관을 일직으로 했다. 증조부의 이름은 상의직의직장동정의 벼슬을 지낸 세경(世卿)이고, 조부는 중현대부전객령을 지낸 연(衍)이다. 봉익대부밀직부사상호군 송(松)의 따님인 안동 조(曺)씨와 합문지후 벼슬을 지낸 아버지 방(滂) 사이에서 1287년(충열왕 13년) 안동 일직에서 태어났다.

과거를 1307년에 급제한 것으로 보아 첫 관직은 충렬왕 서거 2년 전인 재위 33년에 19세의 나이로 시작했다고 보면 틀림없을 것이다. 그러나 조선 영조 때 배행검이 지은 『정평공유사』에 충선왕 때 관직에 진출했다고 기록이 보이고, 이색의 사장시와 조선조의 박팽년이 정평공의 손자 손조서(孫肇瑞)의 말을 인용한 『진권서』에도 5조(다섯 임금)를 모셨다고 기록이 있는 걸 보면 정작 어느 것이 맞는지 헷갈린다. 이렇게 되면 아무리 계산해 보아도 여섯 임금이 아니라 다섯 임금을 모신 결과가 된다. 기록자들의 부주의인지 과거급제 날짜를 잘못 기록했는지 여하튼 바로잡을 필요가 있을 것이다.

선생의 벼슬길은 비교적 순탄했던 것으로 생각된다. 충목왕 4년(1348년)에는 첨의평리(僉議評理)가 되었고, 이때 정조사(正朝使)로 원나라에 다녀왔다. 그리고 이듬해인 충정왕 즉위 원년(1349년)에는 추성보절좌리공신(推誠保節佐理功臣)이 되고, 이어 도첨의찬성사(都僉議贊成事)가 되었으며, 삼사의 으뜸 벼슬인 판삼사사(判三司事)를 거쳐 이듬해 복주부원군(福州府院君)에 책봉되는 등 치사(65세)로 벼슬길에서 물러날 때까지 요직을 두루 거치며 충렬, 충선, 충숙, 충혜, 충목, 충정왕 등 여섯 임금을 섬겼다.

이후 공민왕 13년(1362년) 그의 나이 76세(박팽년의 진권서에는 78세로 기록되어 있다) 되던 해 공민왕이 홍건적의 난을 피해 안동으로 몽진을 오니 이 일은 손홍량 가계는 물론, 안동 전체가 정치 역사적으로 새로운 전기를 맞는 계기가 된 것으로 보인다.

## 공민왕과 정평공의 정치적 관계

공민왕과 정평공의 관계에서 우리가 간과하는 부분이 있다. 둘 사이의 관계를 당시 상황과 정황에 비추어 정치적 이해도를 중심으로 따지지 않고 뒷날 일어난 현상에만 편중된 나머지 정작 중요한 역학관계를 추론하거나 해석해내지 못하고 있다. 이러한 현상은 발견된 문헌이나 문헌을 재해석한 기록에 공통으로 나타나는 오류다.

그가 여생을 무탈하게 보낸 것과 공민왕 안동 몽진 후, 가문이 엄청나게 부상한 것은 일면 상통되기도 하고 어떤 면에선 도저히 풀어낼 수 없는 모순 양상을 띤 복잡한 사안이다. 이러한 핵심적 사안의 연구가 이뤄지지 않은 채 일방적이고 나열된 식의 인물 조명은 사상누각이 될 수밖에 없다.

손홍량은 그전에 강릉대군 왕기(공민왕의 이름)와 어느 정도의 친분 내지 정치적 유대를 형성하고 있었을까? 기록이 없어 세세한 내막은 알 수 없으나 역사적 상상력으로 접근했을 때 상당히 흥미로운 점이 발견된다.

당시 상황은 격심한 격변기였다. 충목왕이 재위 4년 만에 14세의 어린 나이로 죽자, 고려 조정은 후사 문제로 제 세력들 간에 정치 사활을 건 치열한 쟁투를 벌인다. 이때 고려 조정의 중론은 강릉대군에게 있었던 것으로 보인다. 이재현, 왕후, 윤택, 이곡, 김경직 등 중신들 대부분이 왕기를 적극적으로 지지, 추대하는 상소를 원나라 황실에 보냈다는 사실이 이러한 점을 반증한다.

그러나 결과는 충정왕 왕저의 승리로 귀결되었다. 이 때문에 훗날 공민왕에 오르는 왕기는 측근들 대부분이 곁을 떠나는 참담한 정치적 실패를 맛보아야 했다. 내가 이 부분의 해석에 눈독을 들이는 이유는 정평공 가문의 훗날 정치적 비상(飛上)이 이 사안과 어떤 식으로든 연계가 되어 있다는 생각을 지울 수 없기 때문이다.

이런 맥락의 중대성을 상기하고 앞뒤를 살핀, 나의 결론은 손홍량이 절대 왕기의 사람이 될 수 없는 위치에 서 있다는 사실이다. 중신들이 강릉대군을 지지하는 상소를 원나라에 올리는데도 이름이 빠져 있을뿐더러, 뒷날 이승로, 윤택 등이 충정왕이 나이가 어려 국정을 감당할 수 없으니 폐할 것을 간하는 상소에도 이름이 올라 있지 않다.

물론, 강릉대군의 왕위계승을 반대한 기록 또한 없는 것으로 보아 그가 정치적으로 정확하게 어떤 지점에 서 있었는지 단정할 수는 없다. 다만, 12살 어린 나이로 즉위(1349년)한 충정왕의 집권 하에서 3년간 중

책을 수행한 것으로 보아 왕저를 지지했다고 추론해도 사실에 다가섬에 크게 벗어남이 없을 것이다.

이 같은 가정의 설득력은 이후, 그의 행적에서 여실하게 읽을 수 있다. 정평공이 중앙무대에서 맹활약하던 시기는 충목왕(재위 기간 4년)과 그 뒤를 이은 충정왕(재위 기간 3년)의 재위 기간을 합친 대략 6, 7년간으로 파악된다. 충목왕 4년(1348년) 첨의평리 때 정조사로 원나라에 다녀왔고, 충정왕 즉위 원년(1349년)에는 추성보절좌리공신이 되었다. 이어 도첨의찬성사가 되었으며, 판삼사사를 거쳐 이듬해 복주부원군에 책봉되는 등 중요한 직책과 벼슬이 충정왕 치세 3년 안에 모두 이뤄졌다.

그윽이 살피건대, 그에게 주어진 직책들은 아마 충정왕 왕저의 즉위와 직간접적으로 연관을 맺고 있을 것이다. 특히, 추론의 설득력을 강하게 뒷받침하는 부분은 그가 벼슬길에서 물러난 시기다. 65세 되던 해 취사(致仕)를 이유로 벼슬을 그만두었는데 그때가 바로 충정왕이 폐위(1351년)되던 바로 그해였다. 정확하게 물러난 월과 날을 알 수가 없어 폐위된 날짜와 물러난 일월을 비교 구분할 수 없음은 아쉬움이 아닐 수 없다.

어쨌든, 이유를 불문하고 그가 나이가 들어 물러났던 당파 세력들 간의 이합집산과 합종연횡에 진절머리가 나 향리로 낙향했던 이후 전개되는 상황은 정평공 가문의 정치적 부활로 이어진다는 점이다.

이 또한 추론컨대, 공민왕이 즉위 후 3개월 만에 왕위를 내주고 강화도에 머물러 있던 충정왕을 독살하고 반대파를 제거했다는 점에서 손홍량의 건재는 어떤 면에서 불가사의하다 할 것이다.

이와 관련하여 다음 4가지 설을 제기해본다. 첫째, 손홍량이 기록에는 드러나 있지 않지만 원래부터 공민왕 사람이었을 가능성이다. 왕기와의 왕위계승 싸움에서 충정왕의 모후인 희빈 윤씨 세력이 원나라의 도움으로 승리했지만 국내 기반의 허약함으로 강릉대군의 지지 기반을 끌어안았을 가능성이다. 이때 정평공은 왕기의 내락 하에 그의 안전을 담보하는 조건으로 충정왕을 도와 달라는 희빈 윤씨 측의 제의를 수락했을 수도 있을 것이다.

이 같은 설은 뒷날 정평공과 공민왕의 해후에서 어느 정도 실마리를 엿볼 수 있다. 공민왕의 입장에서 상황이 절박했다고 해도, 환도 후 그에게 베푼 은혜는 가히 파격이었다. 손수 그린 초상화와 지팡이, 그리고 당대 문인 정치가들이 그에게 바친 문장의 호의(好意)는 두 사람의 관계가 원래부터 지극했음을 보여 주는 단서가 되기에 부족함이 없어 보인다. 둘째, 손홍량이 아주 공평무사한 인물이어서 조정에서 추앙받던 인물일 가능성을 유추해 볼 수 있다. 왕기와 왕저의 왕위계승 다툼이란 기실, 누가 국권(國權)이 되어도 명분이 있었던 만큼, 그가 제 세력들을 조정하는 역할과 주장을 했을 개연성을 배제할 필요는 없을 것이다. 그가 만약 격심한 대립 속에 빠진 조정에서 화쟁을 논했다면 이는 당파의 이해를 떠나 국가를 먼저 생각하는 선후공사(先後公私)의 몸가짐으로 이해될 수 있어 물러난 이후에도 집권세력이 감히 그에 대해 언급하는 자체를 금기했을 수도 생각해 봄 직하다.

세 번째는 이제현의 예에서 보듯 왕위계승 다툼에서 왕기를 지지했음에도 제거되지 않고 오히려 충정왕이 즉위하자 제조경사도감으로 원나라에 가서 충정왕의 승습(承襲)을 요청한 데서도 알 수 있듯 왕실이 중신 간의 지위에서 압도적으로 우위를 점하지 못한 한계적 상황이 빚어낸 일시적 현상으로 볼 수도 있을 것이다.

마지막으로 일정 부분 독자적으로 군사적 힘을 보유하고 있는 경우를 상정해 볼 수 있다. 하지만 문신이었고 난국에 몸소 어가를 맞이한 가풍이나 이에 왕실과 조정이 그에게 보여 준 특별히 환대의 예에 비추어 이

가능성은 아주 낮아 보인다.

## 공민왕의 안동 몽진과 손홍량 가계의 급부상

손홍량이 환도 후 공민왕에게 받은 궤장과 초상화, 그리고 중앙정계의 문인들이 그에게 바친 사장시는 공민왕의 안동 몽진과 깊은 연관을 맺고 있다. 일련의 안동 위상이 강화되는 과정에서 특히, 눈에 띄는 점은 손홍량 가계의 급부상이라고 할 수 있다.

손홍량은 몽진 이듬해 두 아들과 함께 난을 평정한 하례를 올리기 위해 왕성을 찾아갔다. 이때 공민왕을 비롯한 중앙정계의 환대는 실로 파격이었다. 왕은 구절산호용장이라는 지팡이와 손수 그린 초상화를 하사했다. 왕실이 손홍량에게 보인 이때의 호의는 고금의 전례에 비추어도 드문 일이었다. 현재 전해지는 사장시 5편과 백문보의 시서는 당시의 이러한 분위기를 그대로 보여 주고 있다.

그런데 여기서 꼼꼼히 살피고 넘어가야 할 것이 있다. 역사적 기록에 나타난 왕실과 중앙정계의 손홍량에 대한 환대는 단 하나의 사실, 즉, 몽진 시, 영접에 대한 화답의 성격에 기초해 있다는 사실이다. 어떻게 보면 영접은 아무것도 아닐 수 있다. 왕이 홍건적을 피해 남하를 하는 과정은 어느 정도의 차이는 있을지언정, 모든 고을이 예를 갖추어 왕을 맞이했다는 것은 상식의 수준이다. 그런데도 기록은 오직 공민왕이 손홍량에게 말했다는 “그대는 나이가 들어도 일직한 사람이로다.” 이 한 마디에 모든 것이 쏠려 있다. 외형적 역사는 오직 이 부분에만 포인트(점수)를 주고 있다.

그러나 문장을 그렇게 단순하게 이해하여 버리면 날줄과 씨줄 속에 묘연하게 감춰진 역사적 행간을 상상력으로 불러올 수 없다. 손홍량의 공민왕 영접으로 대변되는 상징은 충절의 또 다른 강렬한 표현 방식일 뿐이다. 그 속에 숨겨진 사실은 손홍량으로 대표되는 안동 인물들의 목숨을 건 헌신일 것이다. 가령, 손홍량은 공민왕이 안동에 머무는 동안 홍건적을 물리치고 왕성을 회복하는 데 모종의 큰 역할을 했을 것이다. 군사를 모으고, 인심을 다독이며, 전략을 세우는 등 정세운을 총관으로 반격을 도모할 때의 전과가 어쩌면 영접과는 비교도 되지 않을 만큼 공민왕에게 크게 어필되었는지 모를 일이다. 이러한 신뢰의 중심에 손홍량이 있다고 보는 것이 이후, 대도호부로 격상되는 안동의 위상과 손홍량 가계의 급부상을 설명하는 데 오히려 무리가 따르지 않는다.

다만, 여기서 하나 짚고 넘어갈 점은 초상화에 관한 것이다. 여러 기록이 존재하는 것으로 보아 손홍량의 초상화를 공민왕이 그렸다는 주장이 유력하나 그것을 언제 어떻게 그렸느냐 하는 문제는 보는 각도에 따라 다른 생각들이 나올 수 있을 것이다. 요즘 말로 하면 대통령 훈장을 넘어서는 명예를 임금으로부터 받은 것에 대하여 환영축하연에서 축시를 유명 인사들이 지어 바쳤는데 그 글에는 하사받은 지팡이 이야기만 나오고 초상화에 대한 언급은 없다면 이것을 어떻게 이해하여야 할까?

조선 세종조에 그의 손자 손조서가 궤장에 관한 사장시는 보존되었으나 초상화에 관한 축하시는 유실되어 안타깝다고 말하고 있는 것으로 보아 짐작건대, 손홍량이 귀향할 때 지팡이와 초상화를 함께 선물 받은 것이 아니라, 초상화는 뒷날에 왕이 직접 그려 사람을 통해 전달했을 가능성이 더 커 보인다. 왜냐하면 전해오는 시서와 사장시가 6편(백문보, 이인복, 이색, 정사도, 이달충, 김제민) 있는데 어디에도 초상화 이야기를 노래한 이가 없기 때문이다. 때문에 유실된 초상화 관련 사장시란 뒷날의 일이어서 전해오는 사장시와는 내용이 별개라고 보면 크게 어긋남이 없을 것이다.

## 문충공(文忠公) 이인복(李仁復)의 사장시

세상 사람은 높은 벼슬과 오래 삶을 좋아하는데/ 빛나는 덕은 그 누가 쉬 갖추겠는가./ 오직 공만은 이미 그 덕을 갖추었으니/ 나아가고 물러섬에 또한 거리낌이 없구나./ 찬 겨울바람에 모든 초목이 시드는데/ 소나무와 동백은 오히려/ 그 푸르름 오래 가지네/ 임금님은 그분이 찾아옴을 기뻐하여/ 상산사호와 같이 존경하는구나/ 왕궁에 들어가니 지팡이를 내리시고/ 예절을 정중히 하는 마음 더욱 깊구나./ 임금이 총애하니 양표보다 앞서고/ 베푸는 은혜는 공광보다 더 깊구나/ 임금의 은혜를 지니고 고향에 돌아오니/ 축하하는 사람이 어이 그리 많은고/ 행실은 높아 세상의 문란함까지 바로잡는구나/ 자나 깨나 이 일에 뜻을 두었으니/ 고마움을 칭송하는데 뒤질쏜가/ 응당 천보시를 노래하며/ 임금의 만수무강을 축수하리라

齒爵人所尊匪德孰能有惟公旣有之進退亦無苟歲寒羣木彫松栢尙持久

主上喜其來等視商山臾臨軒賜以杖禮重意彌厚寵在楊彪*先恩居孔光*右

携持歸故鄉賀者爲奔走行當扣原人豈特扶無朽晟昏宜念慈報稱安可後

應歌天保詩上祝 聖人壽

* 揚彪 : 후한 때의 명신.
* 孔光 : 전한 때의 명신 판예문춘추관사(判藝文春秋館事).

## 김방경의 손자 김제민(金蓍閔)이 지은 사장명(賜杖銘)

오직 이 지팡이가 특별한 것은/ 우리 임금님이 내리신 바이다./ 오직 이 지팡이만이 빛나는 것은/ 우리 승상님의 경사로움이다/ 임금님은 공의 기둥이 되셨고/ 공은 나라의 기둥이 되었어라/ 거룩하도다 이 지팡이/ 그 지닌 뜻이 길이 변함이 없도다.

惟杖之奇吾 上之賜惟杖之微吾相之瑞上以柱公公以柱國於戲斯杖其義不忒

## 목은(牧隱) 이색(李穡)의 사장시

신선이 머무르는 산에는 구름이 아득한데/ 송진이 무덤 되어 茯笭이 나는구나(훌륭한 인재를 비유함)/ 그늘진 언덕 돌 틈에는 한줄기 새싹이 푸르러/ 오랜 세월 동안에 蛟龍의 모습이 되었구나(굳세고 신령함이 깃든 모습)/ 어리석은 얼굴과 움츠린 기상도 번개와 겨루었고/ 하늘이 보살펴서 예절법도를 갖추었더라/ 야윈 모양은 한우이고 키는 한길인데/ 그 강직하고 대쪽 같은 성품 쇳소리와 같더라/ 세상엔 못 안에 용이 구름 위를 날지 못할까만/ 평지에서 구슬을 아름답게 굴리기만 못하리/ 中官이 내리신 말씀 받들어 뜰 앞에 올리니(왕명을 시행하는 벼슬 이름)/ 거룩한 광경은 뜰 앞에 蓂草를 빛내었구나(요 임금 때 뜰에 난 吉非의 풀)./ 왕은 때마침 옛일을 찾아 현명한 신하를 대하는데/ 공께서 때맞추어 왔으니 뉘가 더 앞서리/ 공께서 다섯 임금을 모시고 승상이 되었으나/ 초야에 숨어 지내니 鈴鐸에 이끼 끼었으나(警鐘)/ 임금님 그리는 절실한 마음이야 막힐 수 있으리오/ 임금님은 항상 南極星같이 만수무강을 이루면서(오래 사는 별 이름)/ 젊어서는 힘을 다하여 나라와 백성을 보호하였으니/ 높은 덕망과 공로에 보답해야 내 마음이 편할 것이다./ 공은 사양하기를 신하의 공이 한 치도 못 되거니/ 저으기 우러러 임금 은혜를 사례하니 신하의 얼굴 붉어지네/ 내가 지난날 沈香亭에 둔 한 붓을 들었더니/ 노래를 짓게 하여 공께서 조용히 들으셨다/ 지팡이 난 곳은 깊은 산 속 좁은 땅에 많은 숲속의 한 줄기인데/ 네 어찌하여 착한 임금을 만났는고/ 거룩하기가 鍾矢에 새긴 銘과 같으리(종과 화살, 오래도록 기념할 글)/ 공은 지금 지팡이에 의지하니 생기를 얻었도다/ 옛날 공이 조정에 있을 때 조정이 깨끗하며 밝았고/ 공이 가신 지 십 년 만에 어지러움을 들었네/ 요사이 옛 친구들은 태평함을 노래하는데/ 공은 어찌하여 태백산 비탈로 돌아갔는고/ 임금과 신하가 서로 존중하노니/ 머리를 조아려 임금 오래 사심을 축수하였네

## 상촌 김자수와 백죽당 배상지의 충절

홍건적의 난이 평정된 후, 송홍량 가계의 급부상은 관직의 순조로움으로 이어졌다. 손홍량의 외손인 상촌 김자수는 과거에 장원급제하여 벼슬이 대사성에 이르렀고, 다른 외손들인 백중당 배상지(판사복시사), 배상도(보문각직제학), 배상경(공민왕조 문과), 배상공(공조전서), 아들인 득수(밀직사좌대언지삼사), 득령이 전공판서겸진현관대제학에 오르는 등 가문의 번창이 날로 더해 갔다.

그러나 가문의 번창과 반비례하여 불어오는 역풍(역성혁명의 기운)은 손홍량 가문에 선택을 강요할 수밖에 없는 흐름으로 전개된다. 역성혁

명의 동조와 절의라는 대의명분 사이에서 손홍량 가문은 일제히 불사이군(不事二君)의 선택을 한다. 아들, 사위, 손자 등이 모두 관직을 버리고 은거함으로써 유교에서 강조하는 군신간의 의리를 끝까지 지킨 것이다. 이러한 사실은 급격한 사회변동 과정에서 시류에 흔들리지 않았던 안동 정신의 이어짐과 지속성이라는 측면에서도 새롭게 조명할 가치가 충분한 역사적 사실을 안동이 또 하나 보유하고 있다는 것으로 이해해도 무방할 것이다.

이 점은 다시 한번 강조하지만, 안동의 정신사 측면에서는 비중 있는 무게로 다뤄져야 한다. 삼태사에서 시작된 안동 정신이 퇴계로 이어지는 가교(架橋)에 손홍량 가문이 있는 것이다. 이는 안동 정신이 중간에 공백 없이 늘 살아 있음을 의미하는 아주 중요한 포인트가 아닐 수 없다. 태평할 때는 효하고, 나라가 어지러울 때는 목숨마저도 버릴 수 있음이 안동 정신을 상징한다면 손홍량 가문은 유교 정신에 입각하여 불사이군의 도리를 다함으로써 안동 정신을 만천하에 드러냈다고 할 것이다.

특히, 그중 상촌 김자수는 이미 고려조에 이름난 효자로 알려져 공양왕 때 고려도관찰사 김자수마을이라고 쓴 효자비가 남문 밖, 그러니까 현재의 위치로 보면 안동시 안기동에 세워졌다. 이후 고려가 망하자 상촌은 두문동에 들어갔다가 안동으로 내려와 남문 밖에서 은거했다. 이때 태종 이방원이 널리 인재를 구한다는 명목으로 여러 차례 출사할 것을 제의했으나 매번 거절하였다. 이에 노한 태종이 다시 형조판서를 제수하며 만일, 응하지 않으면 삼족을 멸하겠다고 위협하자 아들 근(根)을 데리고 고려에 대한 마지막 충절을 지키려는 발걸음을 옮겼다. 정몽주의 묘소가 있는 추령(경기도 광주)에 다다르자 말에서 내린 상촌은 "평생 충효의 뜻 금일에 누가 있어 알리요. 한 번 죽어 원한의 눈 감으면 저승에서라도 알아줄 이 있으리"라는 절명시 한 수를 남기고 가슴에 품고

온 독약을 꺼내어 한 많은 세상과 하직한다. 이러한 충절로 두문동 72현으로 추앙받기도 하는 선생은 이 때문에 산소가 안동이 아닌 경기도 광주군 오포면 신현리에 있다. 유허비와 효자 정려각, 그리고 선생을 제향하고 있는 추원재는 안동시 안기동에 있다.

안동시 송천동에 있는 금역당은 백죽당의 고택(종택)이다. 고려가 망하자 동생 배상공과 함께 외가가 있는 안동으로 왔다. 이 때문에 안동에 있는 흥해 배씨들은 모두 백죽당과 배상공의 후손들이다. 백죽당은 굴공의 고사에 따라 조정에서 모자를 벗고 옷소매를 떨쳐서 벼슬을 버리고 낙향했다. 고려왕조에 대한 절의로 백죽(소나무와 대나무)을 심고 그 가운데 집을 지었으며, 시주(詩酒)를 벗 삼아 홀로 늙어 갔다. 본조(本朝)에서 끝까지 지조를 더럽히지 않아 주위의 칭송이 자자했다. 역시 두문동 72현으로 존숭받고 있으며 사림은 그의 지조를 기리고 뜻을 받들기 위해 선조 1년(1568년) 서후면 금계리에 경관서원을 세우고 선생을 배향했다.

손홍량이 안동 정신사에서 갖는 비중이란 그의 가문과 혼인 관계에 있던 사람들은 물론이고 많은 연비관계의 사람들에까지도 대의명분을 강조하는 유교적 행위가 영향을 미쳤다는 점이다.

## 한국정신문화의 수도답게 손홍량 행적 안동 정신으로 승화시켜야

오늘날 안동은 한국정신문화의 수도로 굳건히 자리매김을 했다. 그런데 안동에서 발간되는 여러 책자들을 검토해 보면 안동의 정신이 퇴계 선생과 선생의 학맥을 계승한 거유나 정치가들을 중심으로 재편되어 있음을 보게 된다. 안동 정신의 연원에 대한 주류적 해석을 퇴계와 그의 학맥을 계승한 차원에서 이해하거나 바라보는 시류에 대해 논쟁하거나 호불호를 말하고 싶은 생각은 추호도 없다. 다만, 연구를 통한 생산물과 일반적 활자의 생산이 조선 중기 이후의 사상이나 사회현상에 편중되어 버리면 더 오래된 옛것과의 소통이 어려워지고 이렇게 되면 본의 아니게 안동 정신을 한정시키는 오류에 빠져들 수 있음을 지적하는 것이다. 물론, 기록 환경이나 연구를 지원하는 위치에 있는 이들의 역사에 대한 이해도나 편견, 눈치 보기가 하루아침에 개선되지는 않을 것이다.

내가 이 말은 길게 늘어놓는 것은 안동지방의 문화풍토와 기록 경향에 관해 일침을 가할 필요가 있다고 느끼기 때문이다. 이건 고구(考究)하건대 선현들이 선현을 바라보던 자세와도 상반되는 태도다. 적어도, 우리가 추앙해 마지않은 선조들은 대의와 명분에 따랐지 요즘처럼 어리숙한 계산이 앞서지는 않았다.

손홍량만 하더라도 그가 올바른 사람으로 평가되었기 때문에 조선이 건국된 후에도 사림의 숭모 분위기는 크게 줄어들지 않았다. 어필영정각이 세워진 것이 조선 초기였고, 타향리사에서 지내는 향사를 타향서원으로 승격(영조 17년인 1741년)시켜 모신 것도 지역 사람이었다.

영조 20년(1744년)에는 현, 타향서원 자리 인근에 유허비가 세워졌다. 음기는 좌의정 조현명이 찬하고, 전면 대자는 우의정 서명균이, 비명은 이광정이 지었다.

고려의 유신을 조선조에서 떠받들었다는 것은 정신의 현창이란 보편적 가치는 시공간과 정치적 편견, 더구나 문중의 이해와는 아주 멀리 벗어나 있음을 역설적으로 보여 주는 대목이 아닐 수 없다. 오늘날 우리가 곱씹으며 음미해야 하리라.

안동에 밀집된 서원은 도산서원과 병산서원을 제외하고(전국 47개 서원만 존속) 고종 5년(1868년) 대원군의 서원철폐령 때 대부분 훼철되었다가 이후 사림에 의해 하나같이 복원되었다. 이에 반해 타향서원은 서원철폐령으로 훼철되어 일직면 송리 뒷산에 단(壇)만 쌓아둔 채 오랜 시간 방기되어 있었다. 물론, 그의 후손들이 외손봉사를 위해 경남밀양으로 이주를 한 탓에 문중으로서 세력을 형성할 수 없었던 데 가장 큰 원인이 있을 것이다. 이 때문에 타향서원의 복설은 1984년에 이르러 안동에 부임한 손홍량의 후손인 당시 대구지방검찰청 안동지청장에 의해서 주도되기까지 우리의 정신 속에서는 거의 잊힌 존재였다.

또 하나 여기서 우리가 눈여겨보아야 할 점은 손홍량에 대한 조명 작업이 시작된 것은 아주 최근세의 일로 안동시와 안동대학교 민속학연구소가 발간한 2004년 판『고려 공민왕과 임시수도 안동』에서야 비로소 대략의 개관을 보인다는 점이다.

안동만큼 활자와 학문을 통해 조상의 정신을 나타내는데 열성적인 곳도 없으리라. 후대에 이를수록 학문적으로 재해석하려는 정성이 다른 지역에 비해 남다르다는 점을 염두에 두면, 손홍량 정신에 대한 재조명과 기록문화와 무형적 행위를 통한 문화적 확대 재생산 작업은 늦어도 한참 늦었다는 생각을 지울 수 없다.

환원해서 이 말을 맺는말로 정리한다면 한국정신문화의 수도로 굳건하게 자리매김한 안동의 정신이 실질적으로 한정되고 경계 지워진 탓에 손홍량을 정면이 아닌, 측면에서 바라보는 불합리가 지속되고 있다고 보는 것이다. 이제 우리에게 남겨진 일이란 편견을 걷어낸 자리에 선생을 굳건하게 안동의 정신으로 반석 위에 올려놓은 일일 것이다.

〈UGN경북뉴스〉 2015년 12월 3일

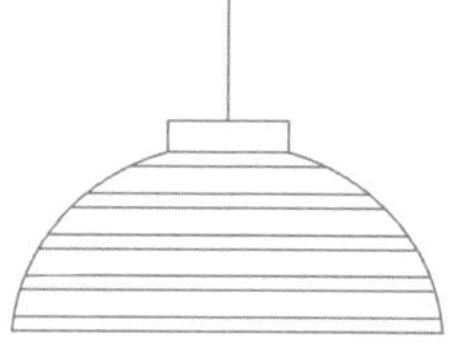

# 『정감록』과 금당실의 인물

난국일수록 이상향은 어떤 곳인가 하는 물음에 직면한다. 콜럼버스는 이상향 인도를 찾아가는 길에 신대륙을 발견했다. 영국의 청교도 102명은 이상향을 찾아 아메리카로 갔다. 유대교, 그리스도교, 이슬람교에서 정신적인 시조(始祖) 격인 아브라함도 하란에서 가나안 땅으로 젖과 꿀이 흐르는 곳을 찾아 나섰다.

한국인의 피안(彼岸)인 '십승지'도 그런 곳 중 하나일 것이다. 청학동, 풍기 금계, 예천 금당실 등 『정감록』에서 말하는 십승지는 병, 기근, 전쟁이 없는 삼재불입의 이상향이다. 흉년으로 인한 기근과 돌림병, 무기력한 정부와 절망스런 현실에 놓인 민초들은 『정감록』에서 희망을 얻었고 인간 평등을 갈망했던 민심은 홍길동전과 동학에서 위안을 얻고 호응했다.

금당실은 '고향의 봄' 노랫말처럼 복숭아꽃 살구꽃 피는 마을이고 파란들 남쪽에서 바람이 부는 수양버들이 춤추는 들판이 있다. 임진왜란 때 이여송이 이곳 지세를 보고 큰 인물이 난다고 하여 오미봉에 쇠말뚝을 박았다고 한다.

이곳에서 태어난 역사적 인물들은 이상을 품고 실천했다. 조선의 명재상 약포 정탁은 당대의 비주류인 이순신, 곽재우, 김덕령 등을 천거했으며, 이순신이 옥에 갇혔을 때는 죽음을 면하게 했다.

또 권문해는 옳지 못한 일에 대해서는 굽히는 일이 없어 사간(司諫) 시절 50여 명을 탄핵했다. 『대동운부군옥(大東韻府群玉)』과 보물 『초간일기(草澗日記)』를 남겼다.

권오복은 무오사화 때 김종직의 문인이라 하여 극형에 처해져 예천 권씨 문중이 하회의 풍산 류씨보다 선비가문이라고 자부하는 근거가 되기도 했다.

정감록 마을 금당실 출신 인재들은 현재도 각계에서 활약한다. 언론인 김정모 씨도 이곳 출신이다. 그는 요즘 대학 강단과 CEO를 넘나드는 역동적 창조 정신으로 주목받고 있다. 그의 최근 관심사는 정의로운 국가와 공공(公共) 정신으로 따뜻한 자본주의를 만드는 것이다. 지천명의 나이에 이제야 하늘의 뜻을 알았는지 뜻있는 인사들과 동이 트도록 시대를 고민하고 역사의 진보를 논하는 그의 이력에는 영락없는 금당실의 정신이 녹아 있다.

〈매일신문〉 2012년 4월 12일

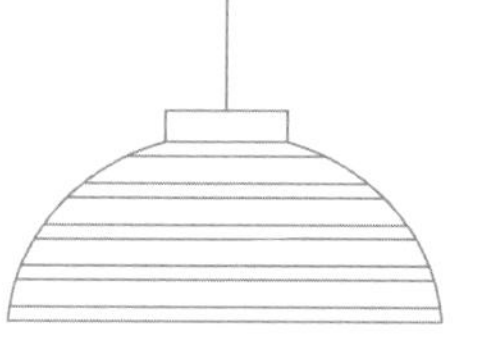

# 탄신 800주년 맞는 '고독했던 고려 영웅' 김방경

**안동시 남후면 단호리에** 있는 '상락대'는 고려 고종과 원종, 충렬왕 때 위대한 명장이며 훌륭한 재상으로 뛰어난 외교술을 발휘해 위기에 직면한 고려의 운명을 지켜낸 상락공 김방경(金方慶, 1212~1300년)이 어린 시절 무예를 익히고 정신을 수련했던 유허지다.

이곳에서 앞을 내려다보면 낙동강이 유유히 흐르는 가운데 검암습지가 보인다. 왼편으로는 선(先) 안동 김씨 800년 세거지인 회곡리가 한눈에 들어온다. 하늘이 비경을 감추어 두었다가 비로소 상락공 김방경을 통해 세상에 드러냈다고 할 만큼 주위 풍광이 수려하다.

안동에서 태어나 안동에 묻힌 김방경은 중앙무대에서 요직을 두루 거치며 화려한 정치력으로 일가를 이룬 인물로 알려져 있다. 하지만 알려지지 않은 이면에는 당대 지성이었던 요요암의 신화상과 선시를 주고받고 제왕운기를 집필한 이승휴와 학문을 논할 만큼 유·불·선 등 다방면에 뛰어난 식견을 보유한 지식인이었다.

김방경과 관련된 문집은 현재 전해지지 않으나 묘지명, 일본 원정길인

1274년 고향 안동을 지나면서 영호루에서 지은 시와 그의 시를 차운한 아들 김흔(1251~1309년)과 고손자 김구용(1338~1384년)이 지은 「차운시」가 지금도 영호루에 시판으로 걸려 있다. 후대에도 학봉 김성일, 송암 권호문, 강좌 권만도 등이 상락공의 옛 뜻을 기리는 시를 지었다.

상락대 물 건너 마을인 회곡리에는 '고려첨의중찬충렬공상락김선생휘방경유허' 라고 쓴 유허비가 있고, 부인인 냉평국대부인 죽주 박씨 단묘와 재실인 상락재가 있다. 마을 좌측으로는 우뚝한 바위 가운데 마암이 솟아 있고 그 아래 낙암정이 보인다. 안동시 녹전면 죽송리에 그의 묘가 있다.

안동대 민속학연구소는 몇 년 전 고려시대 안동의 인물 『충렬공 김방경』이라는 책을 발간해 구(舊) 안동 김씨의 중시조이자 고려시대 명장인 김방경의 일생과 후손들의 삶 등을 소개하기도 했다.

고려 원종 때 몽골군과 연합해 삼별초를 진압해야 했던 비운의 장군인 김방경은 신라 경순왕의 후손이자 구(舊) 안동 김씨의 중시조로서 임진왜란 당시 진주대첩의 영웅 김시민 장군과 백범 김구 선생 등이 그의 후손이다.

일부에서는 그를 고려를 구한 고독한 영웅으로 평가하고 있다. 바닷길을 통해 해상왕국을 건설하려 했던 시대를 앞서간 영웅이었다. 중원에 맞서 싸운 광개토대왕, 해상왕국을 구축했던 장보고, 왜적에 맞서 싸운 이순신 장군, 김방경은 한 인생을 사는 동안 이들의 면모를 갖춘 불세출의 영웅이었다.

2012년 4월 28일은 그의 탄신 800주년이다. 단 하루 행사지만 추모의 정이 각별했으면 하는 마음과 고독한 영웅 김방경에 대한 새로운 평가가 절실한 마음에서 이 글을 적는다.

〈매일신문〉 2012년 3월 15일

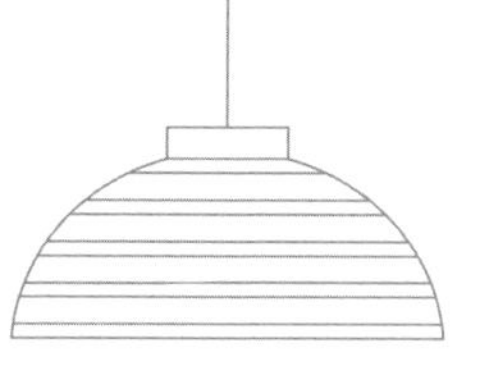

# 김백현 의원님에게

얼마 전 부친상 당하셨다는 소식을 가까운 분에게 들었습니다. 그런 까닭에 자식인 당신의 슬픔이야 말할 것도 없지만, 저 또한 죄책감에 가슴 아파해야 했습니다. 김 의원님이 말했습니다. 선친께서 경로당의 친구들이 수군수군하는 소리를 듣고 오시는 날엔 "네가 무슨 처신을 그렇게도 못했기에 신문에서 그 난리를 피운 것이냐"며 물어오셨다고. 그리고 그럴 땐 그 앞에서 고개를 들지 못했다고 했습니다.

김백현 의원님, 고백하자면, 전 솔직히 당신께서 저의 자존심을 건드렸다는 그 이유 하나만으로 김 의원님의 고통 따위에는 별 관심이 없었습니다. 그보단 오히려 당신이 저를 출판물에 의한 명예훼손으로 고소하여 벌금 1백만 원을 내도록 만들었다는 그 사실에 더 분개했습니다.

그러나 의원님, 돌이켜 보건대, 그러했던 저의 처사는 옹졸함과 쓸데없는 자존심이 뒤엉킨 콤플렉스에 불과한 것이었습니다. 전, 제 감정에 함몰된 나머지 당신이 아프다고 소리치는 것을 듣지 못했습니다. 김 의원님과 관련된 "이런 시의원도 있다니"라는 기사가 나간 후 후배가 그리고 선배가 제게 말했습니다.

“아직도 글에 대한 환상을 갖고 있습니까?” 아마 후배의 이 물음은 여전히 신문 글로써 무엇이든 할 수 있다는 오만함에 빠진 저에 대한 힐난이었을 것입니다. 더구나 입장 바꾸어 네가 김 의원이었다면 무엇으로 항변할 수 있었겠느냐는 선배의 지적은 개인의 명예에 관해 소홀했던 제 미진(未盡)함에 대한 질책이었습니다. 하여 전, 오늘 이 시간을 제 허물을 다그쳐 앞으로의 삶에 반면교사가 되는 계기로 삼을까 합니다.

김백현 의원님, 길섶에서 한발 물러나야 산과 숲을 볼 수 있다고 했던가요. 그것이 지혜라면 전 지금 그러한 심정으로 당신에게 용서를 구하고 싶습니다. 다른 건 몰라도 참으로 어리석은 제가 의원님의 지극히 작은 한 단면을 핑계 삼아 삶을, 광활한 정신의 영역을 글로써 재단하려 했으니 처음부터 이것이 가당치나 한 일이었겠습니까?

정말 그랬습니다. 말이 곧 그 사람의 인격을 드러내듯, 글이란 한 인간의 온전한 정신세계의 반영일 터, 문체만 갖고도 글 쓰는 이의 성정을 가늠할 수 있다고 하니 문자로 담아낸 글이야 말해서 무얼 하겠습니까만, 전 제 허상에 치중된 나머지 진실을 담아내려는 노력보단 의혹을 키우고 부풀리려는 치졸한 함정에 빠졌음을 고백합니다. 그야말로 한 인간에 대한 총체적 보고서가 아닌 다음에야 인간이 인간을 어떻게 평가할 수 있겠습니까? 더구나 신문의 글이란 다중이 읽기에 돌아보고 또 돌아보는 완곡함의 미덕이 묻어나 있어야 함에도 무능하다느니 하는 지극히 주관적 시각으로 의원님 개인의 인격을 무참하게 짓밟고 말았습니다. 적어도 그 글 속에 교양과 사상이 전량으로 투여된 흔적이라도 있었으면 제가 이렇게까지 부끄럽지는 않았을 것입니다. 감히, 언론을 한다고 자부하면서 오랫동안 깊이 고뇌하고 숙고한 다음 얻어낸 어떤 탁월한 견해, 도달한 지혜, 혜안이 번뜩이는 사고의 보물을 지면을 통해 전달하려는 열정과 정성을 뒤로한 채, 사회적 공기(公器)로 쓰여야 할 펜을 한 인간을 공박하는 데 절심(絕心) 없이 휘둘러 스스로 오만함을 세상에 드러내고 만 것이지요. 그리하여 그것으로 큰 상처가 되었을 김백현 의원님. 이제 와 제 글이 무슨 큰 위로가 되겠습니까만, 허물을 나무라시고 잊지도 마시되, 또한 저를 위하여 용서도 마시되, 부디 당신을 위해서는 평상심을 회복하시어 이 고비를 잘 이겨나가기를 소원해 봅니다. 그리고 마지막으로 전해드리건대, 의원님 개인에게는 취재를 불허할 그리고 광고의 압력을 거절할 권리가 있습니다. 앞으로도 계속 지금처럼 당당한 그리고 소신 있는 김백현 의원님의 모습을 기대해 봅니다. 그간 죄송했습니다. 〈경북북부신문 편집국장 최성달〉

〈안동신문〉 2005년 3월 16일

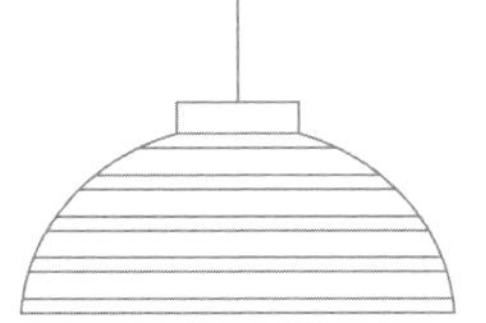

# 김준한 〈왕의 나라〉와 정철원의 〈왕의 나라〉

## #1 2009년 9월 어느 날, 안동영상미디어센터 이사장실

김준한 경북문화콘텐츠진흥원 원장(당시 안동영상미디어센터 이사장)이 급하게 찾는다고 해서 들렀더니 대뜸 이렇게 물었다.

"산수실경으로 뮤지컬 하나 만들고 싶은데 뭐가 좋을까."

"공민왕 안동 몽진 시절을 그리는 것이 어떻겠습니까."

"그게 어떤 의미가 있지."

"경북도청 안동—예천 이전의 의미를 극대화하는 데 이만 한 소재가 없습니다."

"경북도청 개청 기념 뮤지컬로도 손색없다는 말이지."

"이전의 주역들에게 더할 수 없는 자부심을 안겨 줄 것입니다."

"OK. 그게 확실하다면 내가 무슨 수를 쓰더라도 이걸 뮤지컬로 한번 만들어 볼 테니 자료 수집을 좀 부탁해."

## #2 2011년 8월 24~28일, 안동민속촌 성곽

5일 동안 연일 산수실경 뮤지컬 〈왕의 나라〉를 보고자 사람들이 민속촌 성곽으로 몰려들었다. 결과는 대박이었고, 사람들은 뮤지컬이 끝났는데도 감동 때문이었는지 환호성을 지르며 김준한 총감독의 목소리에 귀를 기울이고 있었다.

— 930년 태조 왕건이 개국의 공을 인정. 고창군을 안동부로 승격하다.
— 1197년(명종 27년) 도호부로 승격하다.
— 1204년(신종 7년) 대도부로 승격하다.
— 1361년(공민왕 10년) 안동대도부로 승격하다.
— 1895년(고종 32년) 안동관찰부를 두다.

"관객 여러분. 2015년이면 안동—예천에 경북도청이 새롭게 들어섭니다. 실질적으로 오늘 여러분께서 관람하신 〈왕의 나라〉의 배경이 된 고려 공민왕 시절의 위대한 역사가 실로 654년 만에 우리 눈앞에 펼쳐지는 것입니다."

김준한 총감독의 떨림의 멘트가 끝나 갈 무렵 나는 뮤지컬을 보러 민속촌 성곽을 찾아온 김관용 경북지사에게 인사를 드렸다.

"대본을 쓴 아무개입니다."
"아, 예! 고생이 많으셨습니다."
"이 뮤지컬은 도청 이전의 일등공신인 지사님에 대한 오마주의 성격을 담고 있습니다."

"너무 감사한 말씀이군요."

진심이었다. 경북도청 이전에 수많은 이의 피와 땀이 서려 있는 것이 사실이지만 나는 무엇보다 김관용 지사의 결단이 위대한 서막이고 절정이었다고 믿고 있다. 그가 타 지역에 욕먹을 각오하고 대의에 몸 싣지 않았다면 도청 이전 논의 자체가 불가능했다는 것을 그 누구도 부인하지 못할 것이다.

## #3 2013년 6월, 어느 허름한 술집

새롭게 〈왕의 나라〉 메가폰을 잡은 정철원 감독이 황영호 연출을 대동하고 결기가 가득한 얼굴로 내게 말했다.

"〈왕의 나라〉를 대한민국 대표 뮤지컬로 만들고 싶은데 도와주소."
"능력 있잖소."
"농담이 아니고 대구, 서울을 넘어 세계로 나아가고 싶소."
"뭐가 문제요."
"실경으로는 어려우니 극장용으로 갑시다. 그게 내 주특기요."

## #4 2015년 5월 22~23일, 국립극장

국립극장 해오름극장의 1570석 규모의 매회 공연 때마다 매진을 기록했다. 안동 브랜드에 서울 사람들이 열광한 것이다. 통상 뮤지컬이 서울에서 제작되어 지방으로 공연을 떠나는 것이 관례인 세상에서 문화적 인프라가 열악한 중소도시 안동에서 기획되고 제작된 뮤지컬이 거꾸로 대구를 거쳐 서울로 상륙, 대박을 터트렸으니 정철원의 결기가 결실을 맺는 순간이었다.

### #5 에필로그

솔직히 〈왕의 나라〉 원작가로서 바람을 말하라면 극장용 〈왕의 나라〉가 진화를 거듭하여 대한민국을 대표하는 문화콘텐츠가 되어 세계를 누비고 다녔으면 좋겠다.

덧붙여 비록 궁벽한 시골에서 이 작품을 기획했지만 애초에 김준한 원장과 더불어 경북도청이 개청할 때 여자지 못 주워나 신도청 마당에서 〈왕의 나라〉를 꼭 실경으로 공연하여 도청 이전의 의미를 배가하겠다는 꿈 또한, 이루어졌으면 하는 바람이다.

〈안동인터넷뉴스〉 2015년 6월 17일

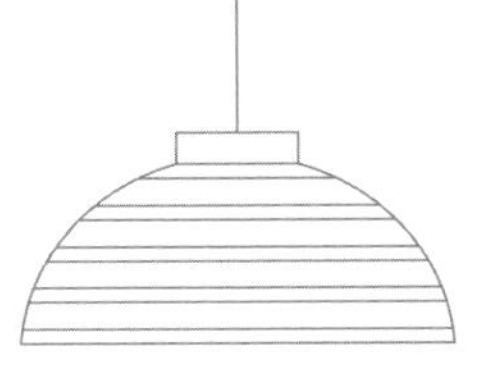

# 길에 대한 단상

## 단상 1

몇 해 전부터 관념 속 심상을 지배하는 생각 중에 문득문득 '길'이라는 의미가 가슴속에 화두처럼 다가오던 시절이 있었다. 그중 인간 삶의 영역이어서 형이상학적일 수밖에 없는 물음들에 대해서는 차지하고라도 우리 주위에 무수히 널려 있는 길을 어떻게 하면 실체적 대상으로 전환하여 산업화할 수 있는 방안이 없을까, 고민하곤 했다.

## 단상 2

길을 산업화한다는 말이 언뜻 성립할 수 없는 모순으로 들릴 수도 있겠지만 사람을 유인하는 매력이고도 유효한 수단이라는 것은 틀림없어 보인다. 야고보가 1천 년 전 복음을 전하고자 걸었던 스페인 산티아고 길은, 스페인의 원형 경기장에서 벌어지는 투우 경기만큼이나 유명하여 매년 수많은 사람을 불러들이는 복덩어리가 된 지 오래다.

우리나라의 예만 하더라도 도법 스님이 산림청 예산으로 시작한 '지리산 둘레길'은 향후 이 길과 연관된 남원, 구례, 하동, 산청, 함양 등 5개 시군과 16개 읍면 80여 개 마을이 50년, 100년 후까지도 먹고살 수 있는 원천적 소스를 제공하는 역할을 하고 있다.

한 여자의 열정과 아이디어로 탄생한 올레길은 제주도의 그 많은 유명 상징성을 제치고 지역을 대표하는 랜드마크가 되었다. 올레길 가고자 제주도를 가고, 제주도 하면 올레길이 먼저 떠오른다면 이건 분명 기적에 가까운 일이지만 기적은 이미 길 속에서 예비되어 있었다.

## 단상 3

내가 여러 자리에서 한두 번 한 말이 아니지만 길 속에 기적이 숨어 있다고 한 까닭은 길이 갖고 있는 종합성을 두고 한 말이다. 가령, 내가 근무하고 있는 마애선사유적전시관을 예로 든다면 인근에는 풍납교가 건설되면서 하아그린파크가 곧 들어설 예정이고, 마애솔숲과 생태학습관이 건립되어 있으며 샌드 파크의 개장이 계획되어 있고 수려한 경관을 자랑하는 망천을 중심으로 강 따라 문화가 흐르는 생태관광의 새로운 모델이 제시될 전망이다.

## 단상 4

그러나 아무리 마애선사유적전시관이 유명하다고 해도 생태학습관과 낙암정, 낙강정, 산수정과 이로당을, 마애석불과 검암습지를 품을 수 없고, 김방경을 논할 수는 없는 노릇이다. 이건 연결성이 아니라 산재되고 개별적 대상으로 파악해야 하는 따로따로의 실체성이다. 우리가 언제까지나 유형 문화유산이나 이름난 경관지 중심으로 지역 문화를 파악하고 홍보하려는 단편성에 머물러 있는 한 종합선물 세트를 개발하여 값비싼 가격으로 판매할 수는 없다.

## 단상 5

이 따로따로 실체성을 종합하려면 지역의 문화역사 관광의 대표주자를 유형적 문화유산 중심이 아닌 길로의 전환으로 서둘러야 한다. 지역마다 그 지역의 문화재며 경관을 모두 품을 수 있는 길을 개발하여 홍보하는 것이 훨씬 효과적이다. 길다운 길은 주위의 것들을 흡수하고 주워 담아 품을 것들을 더욱 빛나게 한다. 연접성만 확보되면 역사와 문화, 유무형 문화재와 천연기념물을 연결하는 것으로 하나의 훌륭한 길이 탄생하는 것이다. 길은 모든 것을 포함할 수 있고 포함할 수 있는 길이, 길이 되어야 한다. 이 시대의 트렌드는 웰빙이다. 보기 위해서 걷는 것이 아니라 걷고자 보는 것이다.

〈경북in뉴스〉 2011년 1월 12일

# 소원 들어주는
# 용수사 탈북돌부처

**용수사의 폭발적 잠재력은** 경내 법당 좌측 편에 모셔져 있는 돌부처다. 일명 중생의 모든 소원을 들어준다는 탈북돌부처다. 기이한 사연이 있는 돌부처는 지난 2007년 김복희 할머니가 탈북하면서 중국으로 갖고 나온 것이다. 어떤 사람이 돌부처를 구입하여 원행 스님(용수사)에게 시주한 것을 올해 부처님 오신 날 경내에다 봉안해 놓았다.

원래 휴전선 옆, 북한 행정구역으로는 강원도 개풍군 개풍사에 모셔져 있던 돌부처다. 신라 고찰이었던 개풍사가 6 · 25사변 때 불나 폐사가 되었는데 그때 땅속에 묻혀 있었던 모양이다. 그런데 돌부처가 김복희 할머니와 인연을 맺게 된 것은 그야말로 기묘한 인연이라고밖에는 달리 설명할 길이 없다.

김복희 할머니는 아들과 딸, 며느리가 모두 탈북, 남한으로 넘어간 까닭에 방 안에 정안수를 떠 놓고 매일매일 자식과 며느리의 무사안일을 빌었다. 그러기를 3년째. 어느 날 꿈속에 친정아버지가 나타나 집 뒤에 묻혀 있으니 답답하다며 호소하더라는 것이다. 기이한 생각이 들었지만 꿈속의 일이라 며칠 지나면서 잊고 있었단다. 그런데 4일째 밤 꿈속에 다시 아버지가 나타나 자신을 땅속에서 꺼내 달라고 호소했다고 한다. 그길로 신발도 신지 않고 집 뒤로 달려가 꿈에서 본 곳을 파 보니 돌로 조각된 불상이 나오더라는 것이다.

김복희 할머니는 불상을 친정아버지의 현신이라고 믿고 날마다 물을 붓고 백일기도를 드리며 치성을 다했다고 한다. 그랬더니 생각지도 않던 5촌 조카가 찾아와 함께 탈북하자고 권유했다고 한다. 자식과 며느리가 있는 남한으로 가고 싶어 매일 밤 꿈속에서 만나던 가족이었기에 가다가 붙잡혀 죽는 한이 있더라도 탈북을 해야겠다고 마음먹었단다.

그런데 문제가 발생했다. 또다시 꿈속에 친정아버지가 나타나 자신도 함께 데려가 달라고 애원을 한 것. 무거운 돌부처를 옮기고 이동하는 것이 여간 복잡한 일이 아니었으나 할머니는 광목천으로 돌부처에 옷을 입히고 부엌으로 옮겨 놓은 뒤 5촌 조카가 온다는 날을 기다리고 있었다.

그러는 사이 다시 이상한 일이 일어났다고 한다. 뒤뜰에 있던 간장 항아리를 부엌으로 옮겨 놓았는데 멀쩡하던 항아리가 밤사이 깨어져 아침에 일어나 보니 광목천을 덮고 있던 돌부처가 간장 범벅을 하고 있더란다.

때마침 5촌 조카가 삼륜차를 몰고 당도하여 간장 범벅이 된 돌부처를 그대로 차에 싣고 한여름에 신의주를 지나가다 검문에 걸렸다고 한다. 가슴이 콩닥콩닥하며 무슨 말을 둘러대려는 찰나 경찰이 먼저 급한 환자를 싣고 가냐며 묻기에 엉겁결에 옴 병에 걸렸다고 했더니 코 막는 시늉을 하며 빨리 가라고 재촉하더라는 것이다. 한참 지나 정신이 든 할머니는 그 이유가 돌부처에 스며든 간장 냄새 때문이라는 것을 알았단다. 중국으로 넘어가는 국경지대에서도 똑같은 일이 발생했는데 할머니는 신의주 때의 경험을 십분 활용하여 무사히 북한을 빠져나올 수 있었다고.

중국에 도착한 할머니는 한국에서 마중 나온 아들을 3일 만에 만났다. 그리고 여기서 돌부처를 산 사람도 만났는데 그는 한국에서 부도를 내고 중국으로 피신한 사람이었다. 희한한 것은 부도낸 사람도 돌부처를 산 뒤 일이 다 풀려 한국으로 돌아왔다고 한다.

김복희 할머니는 올 부처님 오신 날 용수사에서 자신에게 일어난 믿지 못할 불가사의한 일을 증언했다. "이 돌부처에게 치성으로 기도드려 보세요. 뭐든 한 가지 소원은 들어줍니다." 김복희 할머니의 경험담이다.

내가 이것을 기록으로 남기는 것은 문화의 도저한 힘이란 이야기가 모여서 큰 그림이 그려지는 생리를 너무나 잘 알기 때문이다. 이 이야기도 언젠가는 누군가의 창작으로 재생산될 것이다. 그날을 고대해 본다.

〈UGN경북뉴스〉 2009년 5월 22일

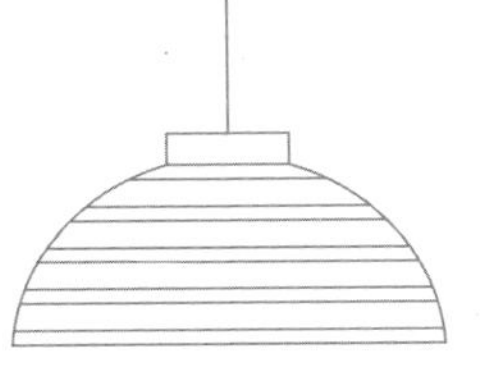

# 『안동근현대사』 출간에 부쳐

**출간된 『안동근현대사』를 받고** 보니 속에 숨겨둔 생각들이 불현듯 떠오르고 새로운 지방 역사서에 대한 평소의 욕심도 떠올라 이런저런 생각들을 몇 자 적어 봅니다.

## 1

150년간의 안동, 안동인의 삶을 담아낸 『안동근현대사』가 얼마 전에 출간이 되었는데 개인적으로 여간 기쁜 일이 아니었습니다. 아직 경황이 없어 전질 4권을 다 읽어보지 못하여 이런저런 말을 할 입장은 못 되지만, 우선 안동이 이만 한 책을 생산했다는 것만으로 흐뭇함을 감출 수 없습니다.

특히 역사를 어느 정도 이해할 수 있는 이라면 벌써 눈치챘을 것이지만 학문 간 통섭할 수 있는 자료가 부족한 상태에서 이룩한 성과인 만큼 의미가 매우 커 보입니다. 물론, 제 개인적 견해로는 이것이 아니더라도 『안동근현대사』는 발간사와 대표 필진의 인사말 하나를 두고도 충분한 가치가 있어 보입니다. 미세한 떨림이라 귀 기울이지 않으면 감지할 수 없지만 어쩌면 이제 제가 말하려는 이 작은 울림이야말로 안동 정신의 여여(如如)한 투영이라는 생각이 듭니다.

독자분들께서는 『안동근현대사』 제1권인 '통사' 부분에 나오는 발간사를 유심히 한번 들여다보시면 재미난 사실을 하나 발견할 수 있을 것입니다. 당연히 들어가야 할 권영세 안동시장의 이름은 빠져 있고, 대표 필진인 김희곤 안동대 교수의 인사말 끝부분은 학자의 양심이 가미되었기에 교훈적이기까지 합니다. 대략이나마 옮겨 적으면 이렇습니다. "이 사업을 시작하고 펼쳐 가는 과정에서 김휘동 전 시장의 의지가 중요했다. 또 마무리 짓는 과정에서 권영세 시장과 시 담당자들의 도움이 컸다." 어찌 보면 당연할 것 같은 짤막한 언급이지만 저는 이 말 속에 숨겨진 함의가 너무나 거룩하여 몇 번이고 읽고 또 읽어 보았습니다.

얼마 전 101세로 타개한 퇴계 종손 이동은 옹이 생전 KBS와의 인터뷰에서 안동의 정신을 '염치'로 규정하기도 했습니다만, 『안동근현대사』는 우리의 삶이 단절이 아니라 연속이고 분열이 아니라 통합임을 웅변적으로 말해주는 것 같습니다.

책에 언급된 김휘동 전 시장의 의지란 제가 옆에서 보고 작게나마 고민을 함께했기에 그분의 수고로움이란 너무나 잘 알지만 그것만큼이나 우리가 사려 깊게 이해해야 할 대목이 있다면 전직의 노고를 존중하여 스스로 발간사에서 자신의 이름을 사양한 권영세 시장의 염치고 덕스러움입니다. 이것이야말로 유유, 면면, 염치를 목숨처럼 여기며 대대로 살아온 안동인의 기호와 코드인 집단정신의 상징적 발현이 아니고 무엇이겠습니까?

또 하나 책을 보면서 빼놓을 수 없는 의미는 이로써 우리 안동이 '고대 안동의 역사와 문화', '고려시대의 안동' 등 고대—고려—근현대사를 어느 정도 마무리했다는 안도감 같은 것입니다. 고대—고려—근대 역사 작업은 그 자체로 시도된 적이 없는 데다 고대와 고려의 예는 자료가 부족하여 일반인이 접근하고 이해하기 어려웠기에 이것을 정리했다는 점에서 의의는 물론, 대략 마무리가 되었다는 표현을 써도 좋을 것입니다.

물론 아직 '조선시대의 안동' 역사정리 작업이 남아 있긴 하지만 이 경우는 이미 '영가지' 와 '선성지' 라는 걸출한 지방 역사서가 있고 사료 또한 충분하고 공개되어 있는 데다 한국국학진흥원과 안동대학의 국역과 해석 작업이 꾸준하게 진행되고 있어 방대하기는 하지만 종합하고 엮는 것은 그리 어려운 작업이 아닐 것입니다.

지금 안동은 사림이 전성기를 구가했던 목릉성세의 세월 같다는 생각을 해 봅니다. 문치와 인문학 문화가 무럭무럭 자라나는 것 같아 글 쓰는 자로서 여간 기쁘지가 않습니다. 다만 역사를 정리하는 작업에 완벽한 마무리가 없다는 점에서 또 다른 역사서를 준비해야 하는 시점이 아닌가 하는 무거움과 책임감을 동시에 가져 봅니다. 당장 시급성은 요하지 않는다 해도 앞으로의 당면과제라면 1999년도에 정리하고 세월이 한참 흐른 안동시사를 새롭게 정리해야 한다고 생각해 봅니다.

## 2

'안동시사' 의 기록과 편찬을 역사적 사건이라고 인식할 필요가 있습니다. 만약 '안동시사' 계획을 수립한다면 롤모델이 될 수 있는 편찬을 해야 후대에도 영원히 평가받는 저작물이 될 수가 있을 것입니다.

## 최고 역사적 저작물이 되려면

최고 역사적 저작물이 되는 방법은 접근 방법과 서술의 형식에 달려 있다고 생각해 봅니다. 역사 서술은 개인의 회고록이나 자서전이 아닙니다. 회고록과 자서전은 개인의 지난날을 정리한 기록물이기에 물론, 이것도 위치나 과거 경력에 의해 얼마든지 역사가 될 수 있으나 스스로 집필하거나 회고자가 구술하는 것을 제3자가 받아 적는 형태이기 때문에 나 이외의 타자의 주관이 들어갈 여지가 없다는 점에서 엄밀하게는 역사의 카테고리 속에 포함되기는 어려운 성질을 갖고 있습니다.

그렇다면 우리는 기존의 어떤 역사서를 최고의 역사서로 평가하는지와 그렇게 평가하는 이유를 먼저 알아야 이 방식의 원용을 통해 최고의 역사서를 만들 수 있을 것입니다.

우리나라의 역사서로는 『삼국사기』와 『삼국유사』, 『고려사』, 『조선왕조실록』을 들 수 있고 중국 역사서로는 『구당서』, 『신당서』, 『자치통감』, 『춘추』, 『사기』를 들 수 있을 것입니다. 일본의 대표적 역사서로는 『일본서기』가 있고, 유럽(그리스)에서는 헤로도토스가 과거의 창고 속에서 트로이 전쟁이란 멋진 유물을 자신 나름대로 해석하여 멋지게 진열했습니다.

이 역사서에서 우리가 알 수 있는 바는 기록이라는 형식을 갖추면 모두가 역사서가 되고 역사가 된다는 사실입니다. 이 점이 매우 중요하고 여러 함의를 담고 있습니다(이 문제는 뒤에서 설명하겠습니다). 트로이 전쟁은 각색이 많은 부분을 차지하고, 『일본서기』는 천황의 재위 기간을 모조리 날조하고 일본의 한반도 지배를 정당화하고 있는 역사서입니다. 일본인의 의도가 개입된 역사서라고 할 수 있는데 이 말을 뒤집으면 일본인의 역사의식이라고 할 수 있습니다. 자신들의 근원에 대한 우위의 근거를 남기겠다는 의식의 발로가 기록으로 이어졌기 때문입니다. 후대는 이것을 근거로 현재의 역사까지도 재단합니다. 과거의 역사 즉 미화된 역사라도 단절로 이어지는 것이 아니라 현재와 과거를 정확하게 연결하고 있음을 볼 수 있습니다. 호태왕(광개토대왕)의 비에 기록된 임나일본부설도 『일본서기』와 연결하여 해석하는 바람에 우리가 아직도 곤혹스러움에서 벗어나지 못하고 있다는 사실을 기억하실 겁니다.

『삼국유사』는 읽어보면 알겠지만 편찬자의 역사의식 부족으로 설화와 구전에 많은 부분을 의존하고 있고 대부분의 자료가 신라 중심이어서 내용적 결함과 형식적 결함을 다 같이 갖고 있는 신빙성이 상당히 떨어지는 역사서입니다.

『삼국사기』는 국가의 명령으로 편찬 작업이 시도되었지만 이 역사서 역시 중 일연이 『삼국유사』를 편찬할 때 가졌던 의도, 즉, 신라 중심의 역사관이 전개된 역사서입니다. 즉, 『삼국사기』는 편찬을 주도한 김부식의 의도가 개입된 역사서라고 할 수 있을 것입니다.

고려사 또한 승자 중심의 역사관을 적나라하게 보여 줍니다. 왕건이 영웅이라면 궁예와 견훤 또한 영웅이 될 수도 있었을 것입니다. 최고의 영웅 자리를 왕건이 차지했다면 그와 대적했던 두 사람도 영웅으로 대접받아야 역사서의 형식적 균형이 갖춰지는 것인데 일방적 홍보와 일방적 비하를 하고도 역사서로 굳건하게 자리 잡고 있습니다. 우리는 이 또한 스스럼없이 역사로 받아들이고 있습니다.

비근한 예로 당대에 자웅을 겨루었던 울지 않은 새는 죽인다의 '오다 노부나가' 와 울지 않은 새는 울게 만든다는 '도요토미 히데요시' , 울지 않은 새라면 울 때까지 기다린다는 '도쿠가와 이에야스' 는 서로의 정권을 인수한 특수한 관계지만 일본 역사에서 세 사람은 모두가 영웅입니다. 협소한 역사관으로 당대에 영웅을 죽이면 후대는 본받아야 영웅이 사라진다는 것을 알 수 있습니다. 교훈적 가치와 실재적 가치가 충돌하는 장면은 역사의 곳곳에서 발견됩니다. 다만 우리가 새겨들어야 할 말은 우리나라 전 역사에서의 영웅이 중국의 『삼국지』에 나오는 영웅만 못하다는 말이 있습니다.

『신당서』와 『구당서』가 『삼국사기』와 같은 국가의 의지로 편찬된 정사의 성질을 갖고 있다면 사마광의 『자치통감』과 공자의 『춘추』, 사마천의 『사기』는 개인적 저작물의 역사서라고 할 수 있습니다. 그중 『사기』만 좀 특이한 경우인데 사마천이 태사령이란 직분으로 역사를 기록하는 신분이었기 때문에 정확하게는 국가의 녹을 받는 자리에서 쓴 개인적 저작물로 분류될 수 있을 것입니다.

우리는 이 중 공자의 『춘추』나 사마광의 『자치통감』을 역사서의 모본으로 삼지는 않습니다. 이유는 사마천의 『사기』가 워낙 높은 퀄리티를 갖고 있는 역사서이기 때문에 비교 자체가 불가할 정도입니다.

여기에 주요한 비밀이 숨어 있습니다. 사마천의 『사기』 또한 여느 역사서처럼 호불호가 분명한 역사서입니다. 죽일 놈과 살릴 놈을 명확하게 구분하여 놓았습니다. 개인의 감정이 적나라하게 개입하고도 세계 최고의 역사서로 평가받는 이유는 보편사를 획득하고 있기 때문입니다. 그는 인물과 사건을 단순하게 기록한 것이 아니라 자신의 사유체계와 결합시켰습니다. 이때의 사유체계란 자신의 세계관으로 역사를 재단하고 평가했다는 의미입니다. 최종 해석자로서 거침없이 붓을 놀렸다는 뜻입니다. 아마 당대에 사마천의 『사기』를 보았다면 틀림없이 그 과격함 때문에 『사기』는 세상에 나오지 못했을 것입니다.

그러나 역사는 사마천의 『사기』에 손을 들어줍니다. 인식의 지평이 보편사를 쓸 수 있을 만큼 내공이 단단했기 때문에 그 누구도 이것을 부인할 수 없었습니다. 역사를 쓰는 데 가장 중요한 바는 그것을 쓰는 사관의 인식 지평이 얼마만큼 열려 있느냐로 결정납니다. 더 구체적으로 이야기를 풀면 열린 인식의 지평이란 지성이 도달할 수 있는 최고의 지점을 의미합니다. 가령, 하나의 사건이나 사안을 해석함에 있어서 고양되고 축적된 학문의 결정체를 자유자재로 끌어다 쓸 수 있는 능력이 있어야 합니다. 한 분야가 아니라 학문 간의 유사성에서 그것을 통섭하고 종합할 수 있는 혜안이 없고서는 하나의 사건이나 사안을 단순하게 기록하여 흘려버리는 실수를 저지르게 됩니다.

필연적으로 주관적 의지와 의도가 개입될 수밖에 없는 제약을 극복하는 방법은 그 의지가 인간이 살아온 지난날과 살고 있는 현재와 살아가야 할 내일을 이야기할 때만이 역사서로의 가치를 얻을 수 있습니다.

더 구체적으로 파고들면 역사를 쓴다는 것은 최고의 역사서를 쓰는 방법을 먼저 파악하고 있어야 합니다. 어느 지점이 언어와 문자로 천착된 인간 삶의 프레임(구조)에서 최고로 평가받을 수 있는지를 정확하게 포착할 수 있는 날카로운 눈이 선행되어야 합니다. 이 바탕 위에서 사안과 사물을 보고 처음과 끝을 어떻게 가공하고 재배치해야 하는지 관통하는 흐름을 이해할 수 있어야 합니다.

그럼 먼저 '안동시사'를 편찬하는 형식에 대해서 먼저 고민해 보겠습니다. 역사를 기술하는 방법에는 통상 3가지가 원용이 되었습니다. 우선 공자가 『춘추』를 편찬하면서 사용했던 편년체, 사마천이 『사기』를 저술할 때 사용한 기전체, 송나라 때 등장한 사건을 중심으로 서술한 기사본말체라고 할 수 있습니다.

단순히 시간의 흐름에 따라 일기 형식으로 서술된 춘추의 저술은 2차원적인 평면적인 방법이라면 사마천이 창안해서 『사기』에 적용한 기

전체는 3차원적인 입체적인 서술 방법이라고 할 수 있습니다. 제왕들의 기록, 제후들이나 일가를 이루었던 집단들의 이야기 세가, 그리고 위대한 업적을 남긴 사람들의 이야기인 열전, 그리고 문헌류나 학문의 측면에서 기술한 서, 복잡한 연대기를 연관성과 순서를 확인할 수 있게 작성한 표 등은 모두 개개의 독립된 사실이면서 그 각각은 『사기』라는 거대한 역사를 이루는 부속품이 되기도 합니다.

『춘추』와 그 참고서라고 할 수 있는 『춘추좌전』, 그리고 후에 송나라의 사마광이 지은 『자치통감』, 우리나라의 『조선실록』 등은 편년체의 대표적인 역사서이고, 『사기』, 『한서』, 『성경』 다음으로 많이 팔렸다는 삼국지연의의 텍스트인 『삼국지』, 한국의 『삼국사기』 등은 기전체의 대표적인 역사서입니다.

안동시사는 첫째, 이중 가장 단순한 방법인 편년체로 쓰는 것이 효율적일 것 같습니다. 『사기』의 형식처럼 제왕이나 제후, 영웅 등 여러 인물의 기록을 따로 구분하여 쓸 만한 재료를 구하기가 쉽지 않기 때문입니다. 하루하루 일어난 일의 대부분은 언론을 통해 보도된 상황이기 때문에 이것을 역사의 카테고리에 맞게 확장 확대하는 방법이 가장 효과적입니다.

둘째, 인물의 역사는 인물 중심에서 기록하는 것이 아니라 어떤 사안에서 인물의 비중을 드러내는 방법을 택하여야 보기도 좋고 설득력도 배가시킬 수 있습니다. 가령, 도산서원을 거론하면 당연히 퇴계 선생이 언급되는 방식입니다.

셋째, 영웅 중에 영웅으로 가는 방식을 선택해야 합니다. 영웅에 관한 기록을 확장시키는 것은 원래 역사의 범주 안에 있는 당위적 행위이고 엄연한 역사적 본질입니다. 예를 든다면 천연염색과 한복 패션쇼를 거론하게 되면 신계남, 최옥자, 김연호 등 이와 관련된 인물들의 활동

사항이 정리되어야 하고, 음식의 역사를 거론하면 조옥화, 배영동, 김계행, 김인자, 장재옥, 이성옥이 음식에 헌신한 역사가 함께 거론되어야 합니다.

실경 뮤지컬을 기술한다면 김준한과 안동미디어센터, 그리고 관련 사항과 인물을 묶어서 기술하면 될 것입니다. 콘텐츠 박물관에서 전국적 시나리오를 공모한 것을 기준으로 잡아 역사를 기술해 들어간다면 콘텐츠 박물관이 건립되게 된 동기 과정, 모델로 평가받는 이유 등 다양한 사람과 다양한 이야기가 서술될 것입니다. 이 과정에서 인물의 역사는 때론 곁가지로 때론 줄기로 기록되어야 합니다.

넷째, 추적하는 역사를 써야 합니다. 다시 말하면 귀납법적으로 역사를 쓸 수밖에 없다는 사실입니다. 개별적인 특수한 사실이나 원리로부터 그러한 사례들이 포함되는 좀 더 확장된 일반적 명제를 이끌어낼 수밖에 없습니다. 그래야만 주제별 역사가 정리되는 효과를 동시에 얻을 수 있습니다. 이렇게 확장을 시키면 고구마 줄기나 실핏줄처럼 역사가 당겨오거나 유기적으로 연결되어 전체를 한눈으로 볼 수 있는 역사를 제공할 수가 있습니다.

다섯째, 안동시사는 여러 역사적 사실에 비추어 해석하는 사례 중심의 역사서이어야 합니다. 하나의 사안을 해석함에 있어 설득력을 얻는 방법은 역사적 사실에서 비슷한 유형의 성공한 사례, 모범적 사례와 교차시키는 방법입니다. 강한 톤으로 들어갈 때는 물론 인용 없는 직접적 서술이 효과적이지만 그렇지 않은 경우에는 사례를 원용하여 자연스럽게 정답을 찾는 방식이 더 효과적일 수 있습니다.

여섯째, 인간학이 되어야 합니다. 역사 자체가 인간의 삶을 기록하는 것이기 때문에 본질적으로 인간학의 속성을 철저히 갖고 있지만 이것을 인식하지 못하면 논문이나 학술 서적, 통계자료 형태의 역사서가 되어

버립니다. 우리는 전작에 이러한 실수를 많이 보아 왔습니다. 거의 통계 자료를 언어로 풀어내 편찬한 것은 역사서에 대한 인식을 가진 사람이 당시에 없었거나 그러한 능력을 구비된 인재가 없었기 때문입니다. 이러한 역사서는 절대 후대에 귀한 평가를 받을 수 없습니다. 연구하는 데 자료적 가치로서 머물러 있는 역사서의 격을 높이는 방법은 인간학이 되게 기술하는 것입니다.

일곱째, 당대보다 후대의 평가에 비중을 훨씬 많이 두어야 합니다. 역사는 틀림없이 기록된 형태에서 재배열되고 재배치됩니다. 처음 기록된 텍스트에서 모든 것이 뻗어 나갑니다. 당대의 임란 일등공신이었던 원균이 후대에 죽일 놈이 된 것은 이순신이 자기 성질을 못 이겨 『난중일기』에 원균을 질근질근 씹었기 때문입니다. 적장에서 수많은 장군이 패했지만 역사에서 이렇게 죽일 놈이 된 예는 원균밖에 없습니다. 조총 든 적군을 상대하면서 뒤에는 강물이고 앞에는 늪인 곳에 배수진을 친 무지막지한 전술로 힘 한번 써보지 못하고 조선의 정예병을 모조리 잃고 군주마저 의주로 도망가게 했던 신립조차도 이렇게 욕을 먹지 않은 이유는 원균은 기록을 남기지 않았고 이순신은 디테일한 기록을 남겨 스스로를 변호했기 때문입니다.

육지에서는 정기룡 장군이 권율보다 더 많은 전과를 올렸지만 논공행상을 하는 과정에서 이항복과 선조가 타협하는 바람에 이항복의 장인이었던 권율이 상찬되고 정기룡은 역사 속에 묻히게 된 것입니다. 이 하나의 슬픈 사안을 보더라도 역사를 어떻게 써야 하는지 결론이 보일 것입니다.

여덟째, 안동시사의 분량을 1년 단위로 가늠하여 보았을 때 적어도 300페이지 신국판으로 계산하여도 7~10권 정도 출판이 될 수 있을 것으로 생각됩니다. 매일의 역사를 일단 되도록 빠짐없이 수집한다는 전제에서입니다. 비중이 약한 것은 단문으로 처리하더라도 빠뜨릴 수는 없기 때문입니다. 전 언론에 보도된 것과 시청에서 수집된 자료를 취합하여 역사적 범주에 부합하도록 가공하면 될 것입니다.

'안동시사' 정리 작업에 위의 몇 가지 원칙이 지켜지고 그 범주 안에서 쓰여진다면 대한민국 역사쓰기의 이정표를 세우는 귀중한 발걸음이 될 수가 있습니다. 아직 어느 지방정부도 사유의 체계가 개입된 역사서를 시도한 적 없습니다.

사마천의 『사기』는 모두 52만 자에 달하는 분량으로 3부를 목간이나 죽간에 기록하여 지금까지 전해지고 있는 정말로 경이롭기까지 한 인류의 가장 위대한 문화유산이기도 합니다. 서양사의 조종이라고 할 수 있는 헤로도토스의 『역사』를 비교해서 읽어 보면 『사기』의 위대성을 새삼 느낄 수 있을 것입니다. 인간으로서 살면서 무엇을 추구해야 하는지 정도의 고민을 가지신 분이라면 반드시 읽어야 할 필독서라고 할 수 있습니다. 우리도 『사기』와 같은 역사서를 한번 만들어야 하지 않겠습니까?

〈안동인터넷뉴스〉 2011년 5월 30일

# 동양 오성(五聖) 후예들의 만남

지난해 11월 1일부터 8일까지 중국 측 학자 7명이 한국국학진흥원의 초청으로 무이구곡과 도산구곡의 비교 학술토론회에 참석하기 위해 안동을 방문한 적 있었다. 그때 필자도 도산구곡문화연대 회원 자격으로 치암고택의 이동수 선생, 용수사의 상운 스님과 함께 하루 일정을 꼬박 함께 했었다.

배 두 척으로 도산구곡을 탐방한 뒤 중국 측 학자들과 도산서원을 참배할 때의 일이다. 나이 먹은 여교수가 훌쩍훌쩍 우는 것을 김병일 원장이 발견하고 왜 그러느냐고 물었더니 "말로만 듣던 퇴계 선생을 추념하는 공간에서 이렇게 참배하는 것이 너무나 감개무량해 눈물이 자꾸만 나온다"고 대답하는 바람에 이 말을 듣고 옆에 있던 한국 측 인사들의 가슴이 더 울컥했던 기억이 있다.

이달 6일부터 9일까지 공맹(孔孟)과 증자의 직계 후손이 안동을 찾아 도산서원 춘계 향사례를 집례한다. 퇴계 가문과 자매결연을 맺고 학봉 김성일과 서애 류성룡의 종택을 방문하는 것도 단순한 교류의 의미를 넘어 유학사(儒學史) 측면에서 매우 시사하는 바가 커 보인다. 우선 '동양 오성(五聖)'의 후예들인 공자의 79대 공수장(孔垂長, 37) 종손과 증자의 75대 증경홍(曾慶泓, 52) 종손, 맹자의 76대 맹령계(孟令繼, 34) 종손이 같은 곳을 함께 방문한 전례가 없다 보니 이것을 두고 벌써부터 학계 차원의 화제가 만발하고 있다.

공자는 알다시피 사(士)의 집단을 형성해 세계 최초로 학단(學團)을 연 인물이며, 증자는 공자 사후 스승이 이룩한 학단을 이끌어간 고제(高弟)다. 증자의 학맥이 공자의 손자인 자사에게로 전해졌고 자사는 다시 자신의 문하생을 통해 맹자라는 걸출한 인물을 길러냈다. 맹자가 증자를 크게 높인 것은 이러한 학맥의 흐름이 작용한 까닭이다.

이런 연유로 이번 '동양 오성'의 종손들과 퇴계가를 비롯한 안동의 명문가와의 교류는 무엇보다 학맥의 상징성이 두드러질 것으로 보인다. 이제껏 공자와 퇴계라는 단선 일변도에서 주변의 제자를 포괄하는 입체구조로 시대의 변화를 수용하는 것도 눈여겨볼 만하다. 이 때문에 필자와 같은 어리숙한 사람이 보아도 이번 만남은 도학의 연원이 공자로부터 시작되어 증자, 자사, 맹자, 주자를 거쳐 퇴계에게로 전해진 정통성을 확인하고 공식화하는 자리로 여겨진다.

아울러 퇴계의 대표적 제자인 학봉과 서애를 통해 영남학맥으로 형성되어 전 세계로 전파된 보편성도 조명될 것이다. 그리고 이면과 행간 속에는 유학의 메카로 굳건하게 자리매김하고 있는 안동의 자긍심이 어떤 식으로든 표출될 것이다. 유학을 태동한 나라보다 원형을 더 잘 보존하고 있는 안동의 내재적 가치가 만천하에 다시 한번 공표되는 것이니 참으로 그 일이 기다려 가며 두고 볼 만한 일이 아니고 무엇이랴.

〈매일신문〉 2012년 3월 1일

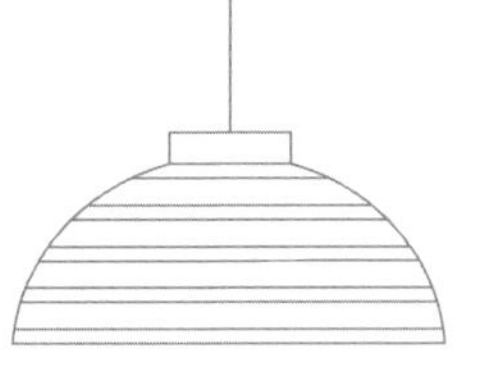

# 동서고금의 위대한 사랑

### #1 칼릴 지브란과 메리 해스켈

"내가 하는 일을 이해하고 사랑해 주는 이를 만나/ 그의 손안에 나의 전부를 내어 맡길 수 있음은/ 그가 내게 자유를 주는 까닭입니다."

메리 해스켈이 칼릴에게 부친 연서다. 아마 그녀는 칼릴처럼 신비로운 남자를 일찍이 본 적 없었을 것이다. 시인이며 철인이고 화가였던 그는 일관되게 진리의 숭고함을 추구한 삶을 살았다. 이 위대한 남자가 사랑했던 여인이 메리 해스켈이며 그녀는 칼릴에게 끝없는 영감을 제공했다. 서로를 끝없이 갈망하면서도 상대에 대한 배려를 잃지 않은 이들의 사랑이야말로 남녀 간의 이룰 수 있는 가장 높은 사랑의 한 전형이다.

## #2 엘로이즈와 아벨라르

"우리가 나눈 사랑의 환락은 참으로 달콤하여 나는 그걸 뉘우칠 수도 기억에서 지울 수도 없습니다. 내가 저지른 죄를 슬퍼해야 함에도 도리어 나는 아주 맹렬하게 잃어버린 것을 그리워합니다. 로마의 황후가 되기보다는 당신의 아내가 되기를 열망하며 심지어 당신의 창녀가 되는 일이라고 해도 그것은 황제의 영화로운 황후 되기보다 몇 곱절 나를 기쁘게 했을 것입니다."

적나라한 인간 내면의 격정이 거침없이 표현된 이 서간집은 수녀원장이었던 엘로이즈와 철인이며 수도사였던 아벨라르 간에 주고받았던 편지다. 수도자 간의 왕복 사신이라는 점에서 세인의 관심을 끌기에 충분하다.

칼릴 지브란과 메리 해스켈의 연서를 엮은 시집은 지금도 전 세계인에게 인기가 높다. 엘로이즈와 아벨라르가 함께 묻힌 무덤에는 이 두 사람의 영원한 사랑을 추모하려는 이들의 발길로 꽃이 시들지 않는다고 한다.

## #3 원이 엄마의 편지

"함께 누우면 언제나 나는 당신에게 말하곤 했지요. 여보, 다른 사람들도 우리처럼 서로 어여삐 여기고 사랑할까요? 남들도 정말 우리 같을까요. 당신을 향한 마음을 이승에서 잊을 수가 없고, 서러운 뜻 한이 없습니다. 이내 편지 보시고 내 꿈에 와서 자세히 말해 주세요."

사랑은 동서와 고금이 크게 다르지 않은가 보다. 남편 이응태가 31세로 요절하자 그의 아내(원이 엄마)가 관 속에 넣은 편지가 불멸의 사랑으로 화하여 많은 이의 가슴을 적시고 있다.

솔직히 난 이 편지를 처음 보곤 두 가지 면에서 깜짝 놀랐다. 하나는 조선조에 부부간에 이렇게 아름답고 절절한 서간문이 쓰였다는 것에서, 다른 하나는 반상의 법도와 남녀의 구별이 유별했던 시대에 남녀의 사랑 고백이 어쩌면 이렇게 담백하고 솔직할 수 있을까 하는 놀라움 때문이었다.

그리고 그 놀라움이 이내 감동으로 바뀌는 마법을 보유하고 있는 한 400년이 흐른 지금도 여전히 진정한 사랑에 목말라 하는 이 시대 사람들에게 절실한 무엇인가를 던져 주기에 충분한 것이다.

이들 부부상이 조각된 안동시 정하동 낙동강변 대구지검 안동지청 앞 도로를 지날 때마다 사랑을 맹세하는 연인들이 그 앞에서 눈 감고 기도하게 되는 날이 머지않기를 기원해 본다.

〈매일신문〉 2012년 5월 10일

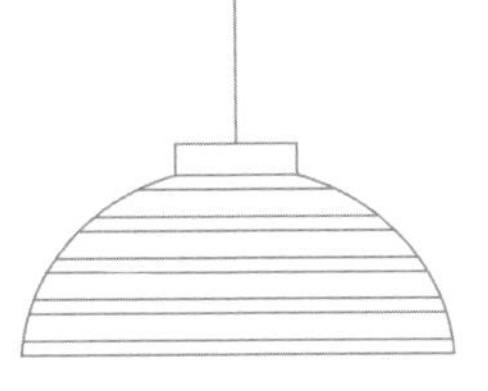

# 안동댐 회화나무 이야기

**조선시대 안동 땅에** 용한 정령이 깃든 사당이 있었다. 사람들은 그곳에 매년 제사를 지내며 자신과 가족의 안위와 복됨을 빌었다. 그 누구도 사당 속에 신으로 받들어 모셔진 염흥방이라는 신위의 신령스러움을 의심하는 이가 없었다.

염흥방은 고려의 재상이었던 염제신의 아들인데 그가 신으로 모셔진 이유는 공민왕이 홍건적의 난을 피해 안동으로 올 때 호종하면서 이곳과 인연을 맺었기 때문일 것이다. 이 사당을 부수라고 명한 이는 의성 김문의 청계공 김진이었다. 그는 주자학의 이치를 두루 관통하고 있었던 것으로 보인다. 신령함이 지역적 정서와 동화된 상태에서 그것을 두려움 없이 훼철했다는 것은 그가 정확하게 사물을 이치를 관통할 수 있는 혜안을 갖고 있었다는 말이기도 하다. 모두가 사당의 권위와 신령스러움을 의심하지 않았지만 김진은 그것이 거짓된 환상임을 정확하게 갈파했던 것이다. 갈고닦은 공부의 경지가 상당했기에 옳고 그름을 분별할 수 있는 눈을 가질 수 있었다. 그런 청계공이었기에 자식 농사도

풍성하게 잘 지었다. 그의 아들 다섯이 모두 생원시를 거쳤고, 그중 셋은 요즘으로 치면 고시인 대과에 급제했다. 그중 한 분이 우리가 너무나 잘 알고 있는 학봉 김성일이다. 아직도 그의 후손인 천전의 내 앞이나 서후 금계리의 학봉 종가의 후손들은 그러한 청계공의 정신을 이어가며 잘 살고 있다. 쓸데없는 신은 결코 바르게 학문한 사람을 해치지 못한다.

안동댐을 가다 보면 길 중앙에 버티고 서 있던 400년 수령의 회화나무를 누군가 잘라버렸다. 소위, 신목으로 대접받고 있던 나무이어서 그런지 애간장 타는 사람들이 제법 많은 모양이다.

이 회화나무는 원래 임청각 앞마당에 있었다. 나라의 국운이 기울자 주손 이상룡은 가족을 데리고 머나먼 타국 북간도로 떠나갔다. 독립을 꿈꾸던 주인은 떠나가고 덩그러니 남겨진 나무는 일제가 임청각 뒤편으로 철도를 가설하면서 도로 한가운데로 내몰리는 처지가 되고 만다. 이후, 회화나무는 댐 공사로 인한 도로 확포장 때문에 잘려나갈 운명이었다. 그러나 역설적이게도 베어내려던 인부들이 다치고 포크레인 삽날이 부러졌다는 소문이 나면서 순식간에 지위가 귀하신 몸으로 급상승했다. 지금껏 귀한 대접을 받으며 터전을 이어올 수 있었던 까닭은 이 신령스러움을 사람들이 믿었기 때문일 것이다.

신령스러움의 지속성은 지금도 진행형이다. 베어지기 전, 이곳에서 제를 올리고 무사안녕을 비는 사람들의 광경이며, 잘려진 후에도 애도하는 시민들의 발걸음과 애정 때문에 밑동을 완전히 쳐내지 못하고 있다. 감히, 누구도 두려움 때문에 일도(一刀)의 예를 거행하지 못하고 있다.

나무가 잘려나간 이후, 여론 또한 분분하다. 밑동에서 싹이 돋아날 수 있으니 살려내어야 한다는 의견에서부터, 수사하여 범인을 잡아야 한다는 강경론까지 다양하다. 아직 안타까움을 다 잠재우지 못한 사람들은 잘려나간 나무에 국화 송이를 바치며 애도를 멈추지 않고 있다.

이 사건은 참으로 우리에게 많은 것들을 생각하게 만든다. 사물과 사건을 바라보는 시각과 세계관은 개인마다 각기 다를 수 있다. 그러나 우리가 잊어버려서 안 되는 것이 보편성과 타당성 그리고 합리성이다. 개인이 어느 세계관으로 사유를 하든 가식적 형태가 아닌 진리의 현현을 구현할 수 없다면 그것은 거짓이라는 사실이다.

회화나무가 잘려나간 것이 왜 그렇게 안타까운가? 한번 잘 생각하여 보라. 그 나무가 교통의 불편과 사고의 위험성을 감수하면서까지 지켜내어야 할 가치가 있는 나무인가?

인간의 고귀한 생명을 담보로 해서까지 간직해야 할 정서와 파괴할 수 없는 그 무엇이 있는 나무인가? 그 나무가 보호수고 문화적 가치가 있는 나무라고 주장하는 사람들의 의견이 타당하려면 진작 이 나무를 안전한 곳으로 옮겨 심어서야 했다. 그렇지 않은가? 생태학적으로 연구가치가 있는 수종이라면 기름진 땅으로 식재하여 나무의 수명이 다할 때까지 오래도록 보전했어야 했다는 말이다.

결국 이 말은 회화나무의 신령스러운 기운을 믿어 두려움 때문에 방치해 두었다가 잘려나간 뒤, 이제 와서 범인을 잡아야 한다느니, 싹이 나도록 기다려야 한다느니 호들갑을 떠는 것은 자기기만이 아니고 무엇인가.

단언하지만, 그 나무는 전혀 신령스럽지도 보호할 가차가 있는 천연기념물도 아니다. 그냥 평범한 나무일 뿐이다. 설령, 누군가 믿는 것처럼 정령이 깃들어 있다 해도 베어져 나갈 수밖에 없는 품위 낮은 신령일 뿐이다. 어떻게 품계 높은 귀신이 사람을 그토록 오래도록 불편하게 만들며, 다치게 하고서도 뻔뻔스럽게 그 자리를 지키고 있다는 말인가? 그러한 귀신이라면 당연히 잘려나가야 하지 않겠는가?

〈UGN경북뉴스〉 2010년 10월 3일

# 서로 공존하는 원숭이해가 되길

우리 인간의 조상이 원숭이인 것은 분명해 보인다. 움푹 파인 발바닥과 엄지가 강한 손바닥은 숲과 나무에서 살았던 인간의 오래전 흔적일 것이다. 언제부터인가 인간의 길과 원숭이의 길이 갈라졌겠지만 그들이 우리의 사촌인 것을 부인할 수 없는 기억들은 곳곳에 존재한다.

지혜와 민첩함의 상징인 원숭이는 인류의 지성체계인 신화나 전래동화 속에서도 다양한 얼굴로 등장한다. 인도에서 원숭이는 하누마트 신을 상징한다고 해서 매우 신성한 존재로 대접받지만 우리나라에서는 다소 풍자적인 면이 있어 보인다.

양주별산대놀이에서 신장수놀이에 등장하는 원숭이는 신발을 외상으로 사 간 노장의 두 여인에게 외상값을 받으러 갔다가 맘껏 희롱하고는 그냥 돌아온다. 전래동화인 「원숭이 재판」도 코믹 그 자체다. 이리와 여우가 먹이를 찾아 나섰다가 고깃덩어리를 발견하고서는 서로 자기 것이라고 언쟁하다가 지혜롭다는 원숭이에게 판결을 부탁한다. 재판을 맡은 원숭이는 공평하게 나눈다며 고기를 반으로 잘랐다가 큰 쪽의 고기를 잘라 먹는 수법으로 결국 그 고기를 자기가 다 먹는다는 이야기다. 유명한 중국의 고대소설 「서유기」 또한 해학적인 면이 번뜩인다. 현장법사가 직접 타클라마칸 사막을 지나 인도에서 불경을 수집해서 돌아온 역사적 사실에 기초하여 명나라 때 오승은(吳承恩)이 지은 작품인데 원숭이인 손오공이 그 주인공이다. 여기에서 손오공 일행은 요괴의 방해를 비롯한 기상천외의 고난을 당하지만 갖가지 묘술로 이를 극복하여 마침내 목적지에 도달하고 그 공적으로 부처가 된다.

우리에게 보이는 원숭이의 모습은 이렇듯 희대의 난봉, 사기꾼에다 부처님의 얼굴까지 다양하고 드라마틱하다. 마치 천차만별인 인간의 얼굴을 보는 듯하지만 인류는 인간과 원숭이의 유사점을 애써 부인하려고 애썼다. 1984년 예일대학의 생물학자 찰스 시블리가 유인원과 인간의 DNA를 분석하기 전의 학계는 인간과 유인원은 1000만 년이나 1500만 년 전에 분기된 것으로 생각했다. 이 때문에 유연관계도 먼 것으로 여겨 유인원류—침팬지, 보노보, 고릴라, 오랑우탄을 한 무리로 묶고 인간을 다른 분류군으로 분리시키려 했지만 이 일로 모든 것이 원점으로 돌아갔다. 더 많은 오해도 있었다. 제인 구달과 고인류학의 아버지인 루이스 리키가 불과 15년 전쯤에 원숭이—침팬지 등 유인원도 도구를 사용하고 희로애락의 감정을 느낀다고 알려 주기 전까지 우리는 그러한 것이 오로지 인간만이 가지는 우월한 특징이라고 여겼다. 최근에는 이러한 성과를 바탕으로 원숭이와 인간의 미래 단면을 보여 주는 재판이 아르헨티나에서 열려 화제가 되기도 했다. '산드라'라는 이름을 가진 원숭이가 생물학적으로는 인간이 아닐지 몰라도 철학적으로는 인간임에도 인간이 아니라는 이유로 불법 감금당해 자유를 박탈당하고 있다며 변호사 단체에서 소송을 제기한 것이다. 산드라에게 인권을 부여하는 것은 실패했지만 분명한 것은 서로를 알아야 오해를 줄이거나 제거할 수 있다는 것이다. 이를 기점으로 세계 곳곳에서 유인원과 인간의 공존 지점을 찾아가려는 여실한 움직임이 일어나고 있는 것은 고무적인 일이라 하겠다. 기실 원숭이에 대한 연구는 인간을 탐구하는 학문이기도 하다. 시원을 거슬러 올라가다 보면 어느 한 지점에서 인간과 원숭이는 하나로 만나게 되어 있다. 그리고 그러한 일은 원숭이와 인간에게만 국한하는 이야기가 아닐 것이다. 인간은 작은 차이가 엄청난 결과를 초래한다는 것을 전쟁이라는 잔인한 역사에서 배우고도 매번 같은 실수를 저지르고 있다. 2016년 원숭이해는 인간과 인간이, 인간과 종교가 화해하고 인간과 자연이 공존하는 계기를 마련하는 한 해였으면 하는 바람 간절하다.

〈안동인터넷뉴스〉 2015년 12월 22일

# 3부

# 지속과 단절의 비밀

조직이든 국가든 지속성을 유지하려면 내외치의 적절한 조화와 균형이 이뤄져야 한다. 과하거나 부족하면 체질을 약하게 만든다. 활의 시위처럼 언제까지 팽팽하느냐가 지속성을 판가름한다. 그만큼 지속성은 인간의 강렬한 꿈이다.

세계 최고의 제국을 건설했던 칭기즈칸의 유언은 "성을 쌓으면 망한다."라는 것이었다. 후대 황제들에게 제국 지속의 비법을 전수한 당부의 말이었다. 그리고 그의 식견이 일견 탁월해 보이는 것은 자신이 세운 제국이며 로마 대제국의 흥망사가 그와 같았기 때문이다. 너무 넓어 공격할 대상을 찾기가 마땅찮고 수성을 하기에도 버거운 현상 때문에 대제국이 무너진 것이다.

역사에 가정이 있을 수 없겠으나 이러한 현상은 조선 역사에서도 그러했다. 자주적 근대화를 생각할 때마다 인조가 선택한 효종이 아니라 마샬과 대면하고 새로운 세상을 보았던 소현세자가 왕위에 올랐다면 조선역사는 달라졌을 것이다.

주자학 단본의 위태위태한 구조에 네덜란드 축성술 등 문명의 햇볕이 쬐어졌다면 변방의 역사가 아니라 줄기가 되어 줄기차게 굴러갔을 거란 아쉬움이 남는다. 정조와 그의 아들 순조의 치세기에 천주교와 천주학을 분리하는 유연성만 지식인에게 존재했어도 조선의 자주적 근대화는 100년 이상 앞당겨졌을 것이다.

## 인문학 내공 있는 꼴통이 일을 낸다

요즘 사회의 키워드가 된 안철수와 박경철이 세상을 지배하는 힘이 뭘까? 결론은 독서다. 정확한 판단력은 인식이 열려야 가능하다. 문리(文理) 또한, 터져야 세상을 제대로 볼 수가 있는데 이것을 길러 주는 힘이 독서다.

나는 개인적으로 역사적 인간을 롤모델로 삼고 있는데 성직자가 아니라면 역사를 기준으로 살아가는 사람이 지혜로운 인간이라고 믿고 있다. 역사적 프레임을 정확하게 이해하고 그것에 맞는 삶을 살아가는 사람이 역사적 인간이라는 것이 내 소신이다. 그런 내가 보기에 안철수나 박경철은 모두 역사적 인간이다. 우리 사회가 이들에게 흥분하는 것은 아직 우리에게 미래가 있다는 증거고 지속성을 담보할 힘이 있다는 희망의 메시지 같은 것이다.

## 시가 낭송되어야 세상이 굴러간다

**#1**

지난 9월 24일 안동시 도산면 용수사에서 시 낭송회가 있었다. 신도

들이 산사음악회 하려는 것을 고집부려 시 낭송회로 계획을 바꾸었다. 용두산 용수사를 중심으로 널리 퍼져 있는 마의태자 전설의 트레킹 코스를 넘어 시 낭송회로 문화를 확장하는 것이 콘텐츠를 알차게 채우는 데 유리하다는 판단에서였지만 그보단 시가 낭송되어야 세상이 굴러간다는 지속성이 갖는 함의를 아이들에게 보여 주고 싶었기 때문이다.

내가 늘 하는 말이지만 조선 500년 지속의 비밀이 무엇인지 아는가? 답은 시가 낭송되었기 때문이다. 우리 조상의 교육의 비밀은 공부의 첫머리를 네 글자로 된 시, 천자문으로 시작했다는 데 있다. 인성과 감성을 키운 후에 본격적인 공부에 들어간 것이다.

이 같은 공부의 비법이 가장 잘 구현되는 곳이 선진국이고 그중에서 미국 동부의 아이비리그 대학이다. 미국 명문대학 인재육성의 비밀은 인문학이다.

#2

용수사에서의 시 낭송회는 저녁 6시에 시작되어 밤 10시 넘어서 끝났다. 공직의 말석인 내가 상석에 앉아 몇 시간 심사하는 동안 최종원 부시장과 김현승 기획예산 실장, 김시년 예산계장은 끝까지 서서 아이들의 시 낭송회를 응원했다. 나는 그곳에서 안동시의 지속성을 담보하는 다양성과 역동성을 보았다. 시가 희망이고 사람이 희망이 아닐 수 없다.

〈안동인터넷뉴스〉 2011년 9월 27일

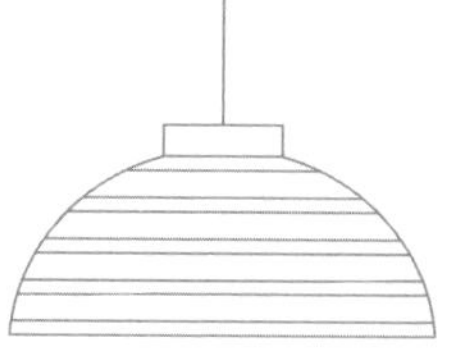

# 희망의 신으로 등극한 용

60년 만에 돌아온다는 흑룡의 해(2012년)를 맞고 보니 우리만큼 용과 친숙한 민족도 드물어 보인다. 십이간지(十二干支) 중 유일하게 상상 속의 동물인 용은 기린, 봉황, 거북과 함께 불가사의한 힘을 가진 영험한 존재로 인식되었다. 고구려 고분벽화 사신도에 백호, 현무, 주작과 함께 그려진 청룡과 상감문양으로 신비와 권위를 치장한 고려청자 또한 그러했다.

조선시대 장승업과 윤두서의 운용도, 심사정의 승천도, 최북의 의룡도는 용을 통해 불가능을 넘어서려는 인간의 전지전능에 대한 바람의 기호 체계다. 반면 조선후기 백자에 등장한 용은 경직성을 다소 해체한 모습이다. 수평적 권위랄까? 인간 군상의 다양한 표정만큼이나 자유로운 몸짓은 민(民)의 시대를 예비하려는 시대상의 반영으로 읽힌다.

문자 기록의 영역에서도 재미난 사실이 발견된다. 『삼국사기』, 『삼국유사』, 『고려사』, 『세종실록지리지』, 『동국여지승람』 등에 용 관련 설화가 86편이나 등장한다. 문헌 비고에는 29번의 용 출현이 기록되어 있다. 성인의 죽음과 탄생, 태평성대와 흉흉한 민심 등 이면(裏面)까지 포괄하는 함의(含意)로 용이 인용되고 있음은 매우 흥미로운 대목이 아닐 수 없다.

임금의 얼굴을 두고 용안(龍顔), 옷은 곤룡포(袞龍袍), 즉위하는 것을 용비(龍飛)라고 한 것도 권위의 상징코드다. 출세하려는 문을 '등용문'이라고 하고 '개천에서 용 났다' 라는 말 속에는 오로지 개인의 능력으로 탄생하는 영웅과 인간 욕망의 숨겨진 꿈틀거림이 함께 느껴진다.

이런 다양한 형태를 보여 주는 용이지만 대미(大尾)와 절정은 역시 여의주를 입에 문 용이 발아래 구름(雲谷)을 찍어 차고 머리 위 상서로운 구름의 힘(祥雲)으로 하늘로 비상하는 모습이다.

안동시 도산면 도산서원 바로 곁에 있는 용수사는 용두산, 용수사, 용화전, 용계천, 용족암, 용암 등 '용' 자가 6번 들어가는 절로 유명하다. 용머리와 꼬리 부분에 각각 상운(祥雲)과 운곡(雲谷)이라는 지명이 붙어 있는 것도 이 절의 신비감을 더해 준다.

이 때문인지 요즘 이 절은 흑룡의 해를 맞아 용의 서기(瑞氣)를 받아 소원을 이루려는 사람들로 북적인다고 한다. 드디어 용이 희망의 신으로 등극한 셈이다.

〈매일신문〉 2012년 1월 5일

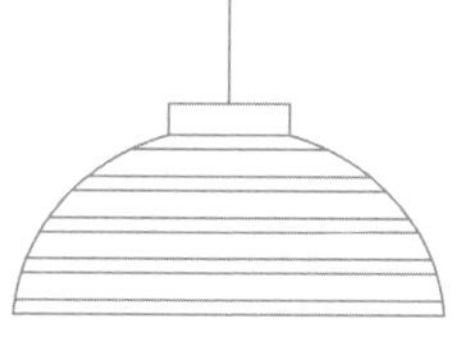

# 역사의 길을 걸어간
# 경상도의 위대한 인물

고려 후기를 기점으로 독립운동사와 근현대 인물을 논외로 치면 정도전(봉화)과 정몽주(영천), 이황(안동)과 조식(합천), 류성룡(안동)과 정탁(예천)은 경상도를 대표하는 인물이라고 할 만하다. 이 중 정도전과 이황, 류성룡과 정탁은 자신의 세계를 나아가 이룩하고자 한 반면, 정몽주와 조식은 물러나서 지키고자 했다.

정도전이 이성계를 매개로 신권국가라는 자신의 이상을 거침없이 구현해 나갔다면 정몽주는 충정과 의리로 끝까지 쓰러져가는 고려와 운명을 같이했다.

남명과 퇴계의 세계관도 어느 지점에서는 극명하게 갈린다. 남명이 조정의 어떠한 유혹에도 흔들림 없이 산림(山林)에 은거하며 학문과 제자 양성에만 힘을 쏟은 반면 퇴계는 자신이 익힌 바를 현실정치에 투영하여 불합리를 개선하려고 했다.

이런 연유로 이들이 역사에 끼친 긍정의 페이지 또한 색깔을 달리한다. 정도전이 펼쳐 놓은 조선건국의 설계도는 사림(士林)이 이어받아 정치, 문화, 사상 등 다방면에 금자탑을 쌓았으며 퇴계의 사상은 주자 이후 최고라는 평가를 받으며 지금도 많은 나라에서 연구를 이어가고 있다.

그 한편으로 정몽주의 절개와 남명의 기개 또한 후학들의 실천의지를 다지는 학문으로 계승되어 임진왜란과 독립운동사에서 한 획을 긋는 구국운동으로 나타났다.

퇴계와 남명 이후 선조 치세기에 조정을 이끌어 갔던 정탁과 류성룡은 임진왜란을 맞아 동인으로서 비슷한 길을 걸었다. 류성룡이 이순신을 천거하여 임란승리의 기반을 다졌다면 정탁은 옥에 갇힌 이순신을 변호하여 살린 인물이다. 둘 다 왕을 호종하여 의주까지 나아갔고 임란 7년 전쟁을 승리로 이끄는 데 혁혁한 공을 세웠다. 정탁과 류성룡은 이웃 마을에서 자라나고 정치도 함께한 까닭에 서로에게 끼치는 영향이 컸다.

정도전과 정몽주는 길재에게서 동문수학한 친구고 퇴계와 남명은 같은 해에 태어나 떠날 때도 한 해를 두고 세상을 등졌다. 비록 이들은 어느 지점에서 세상을 바라보는 관점이 달랐지만 국가와 민족에 끼친 공훈은 다를 바가 없다. 역사는 지금 이들이 위대한 목표와 가치에 자신을 던졌다는 점을 기억하는 것이다.

〈UGN경북뉴스〉 2015년 12월 2일

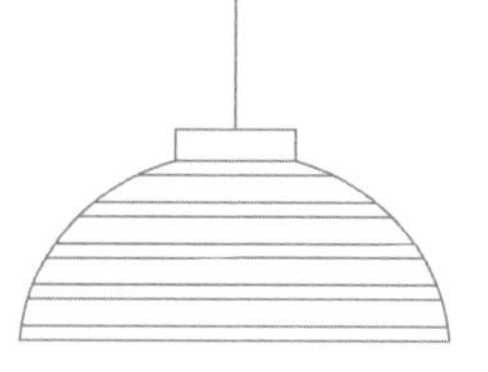

# 킬러 콘텐츠가 된 불천위

불천위(不遷位), 부조위(不祧位)란 나라에 큰 공을 세웠거나 도덕성과 학문이 높으신 분에 대해 신주를 사당(祠堂)에 영구히 두면서 제사 지내는 것을 말한다. 불천위를 굳이 나눈다면 사불천위, 유림불천위, 국불천위다.

문중불천위는 사불천위라고도 한다. 집안 차원에서 본받을 만한 인물을 모시는 경우다. 향불천위는 유림불천위 혹은 도천(道遷)이라고 부른다. 유림에서 천거해 불천위로 옹립한 인물을 말한다. 국불천위는 시호를 받은 2품 이상의 관리 가운데 교지가 내려졌거나 설총, 최치원 등 문묘에 배향된 18명의 인물로 한정하나 실상 이렇게 구분하기가 여간 애매한 것이 아니다.

안동시 서후면 교리에 있는 단계 하위지 종택(18대 종손 하용락)처럼 멸문지화(滅門之禍)를 입은 후손의 존재가 증명되어 조정에서 부조위 교지를 내린 것은 아주 특별한 경우다. 이를 두고 예안향교 박원갑 전교는 "국가적 인물이면 국불천위고 지역적 인물이면 향불천위라고 규정,

문묘배향이나 부조위 교지가 내려지지 않았으나 서애 류성룡, 학봉 김성일, 충재 권벌처럼 국가적 인물이면 국불천위라고 보는 것이 타당하다."고 말한다.

이재업 전 안동청년유도회 회장은 "진정한 불천위는 종택, 종손, 문집, 학자, 서원, 정자라는 요건을 갖추어야 한다."며 "지금도 불천위 문화가 살아 있는 안동의 예를 보면 종택의 종손을 구심으로 문중과 유림이 지원하는 구조로 영속성을 이어가고 있다."고 말한다.

최근 통계에 의하면 대구경북의 불천위 문중은 116집안으로 집계됐다. 그중 안동이 48집안으로 96명의 불천위가 존재하는 것으로 조사되었다. 종손 주손의 현황은 88명으로 조사되었는데 안동을 중심으로 대구경북을 벗어나면 종가 불천위 문화는 거의 사라졌다고 보는 것이 옳을 듯하다. 전라도에는 윤선도의 종택인 녹우당이 전부고, 충청도는 윤증의 명재종택이 겨우 명함을 내밀 뿐 『조선왕조실록』에 이름이 3천 번 넘게 등장하는 송시열의 종택조차 없다.

형편은 경기도도 마찬가지다. 사상과 문학으로 일가를 이룬 다산과 율곡의 종택이 있을 법하지만 이들 종택이 있다는 말을 들어보지 못했다. 경상남도에는 그나마 정여창의 일두종택과 정온의 동계종택이 명맥을 유지하고 있으나 퇴계와 동시대를 살며 영남 좌우도의 정신을 나누어 이끌었던 남명 조식의 종가는 어디에도 없다.

격세지감이지만 남들은 고루하다 여겨 버린 지 오래된 불천위 문화를 천금같이 지킨 덕분에 경북 안동은 세계적인 유교도시가 되고 공맹의 종손마저 불러들이는 저력을 발휘하고 있다. 불천위 문화가 안동을 먹여 살리는 킬러 콘텐츠가 된 것을 보니 역시 오래된 우리 것은 좋은가 보다.

〈매일신문〉 2012년 3월 22일

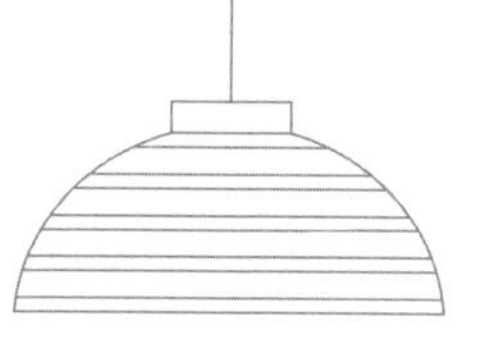

# 방생,<br>문화콘텐츠의 가능성

안동의 낙동강변 두물머리에서 이달 20일부터 29일까지 열흘간 '낙동강 어울누리 문화축제'가 열리는 것은 여러모로 시사하는 바가 크다.

유교문화축제와 탈춤축제에 이어 또 하나의 축제일 수 있다는 일부의 우려가 없는 것은 아니지만 천도(薦度)와 방생(放生)이란 불교문화를 축제 속에 핵심적으로 녹여놓고 있어 장기적으로 성공 요소를 담보하고 있다는 평가다.

콘텐츠 전문가들은 "낙동강 어울누리 문화축제의 실질적 주제가 불교의 의례인 방생과 천도인 만큼 참여하는 사람들이 거부감 없이 지갑을 여는 축제로 만들어 가야 한다."고 조언한다.

이 때문에 두 달여에 불과한 준비 기간, 인력과 관심의 부족 등 여러 어려움을 극복하고 선점 효과를 바탕으로 자생축제, 흥행축제, 지속가능한 축제로 나아가기 위해서는 긴 안목이 필요해 보인다.

특히 올해는 처음 시작하는 것으로 흥행보다는 선점 효과가 더 중요할 수 있다. 이번 축제를 계기로 안동시 용상 혹은 매용상(每龍上) 두물머리가 확실하게 불교의 성지라는 이미지만 지역민들에게 심어 줄 수 있다면 축제의 성공은 보장돼 있다고 해도 과언이 아니다.

낙동강의 안동댐 물과 임하댐 물이 합쳐지는 이수(二水), 엄청난 땅의 에너지 때문에 살아 있는 생명을 놓아주기만 하면 매일 하늘로 용이 날아오른다는 천하의 명당 매용상 두물머리.

지금도 이곳에는 방생하면 용이 승천하고, 용이 승천하면 방생한 사람의 소원이 이루어진다고 믿는 사람들로 천도재 '용왕제' 수륙제가 성황을 이룬다.

매년 1천만여 명의 불교인이 방생을 떠나지만 특별히 정해진 장소가 없다는 점에서 매용상 두물머리가 갖고 있는 힘의 요소를 잘 알리기만 해도 이곳은 방생과 천도의 성지가 될 수 있을 것이다.

축제조직위가 일부의 반대에도 낙동강 어울누리 문화축제를 밀고 나가는 것도 매용상과 두물머리가 품고 있는 이러한 엄청난 이야기 요소 때문이다.

이곳에서 방생을 하면 '모든 소원이 이루어져 죽은 이는 안락하고 산 사람들은 편안하고 건강하다' 는 희망의 메시지를 어떻게 전달하느냐에 따라 안동을 먹여 살릴 킬러 콘텐츠의 가능성을 살펴볼 수 있다. 이런저런 시비에 앞서 이해와 안목이 필요한 대목이다.

〈매일신문〉 2012년 4월 19일

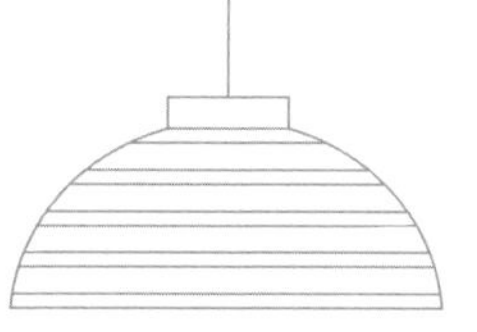

# 김준한 경북문화콘텐츠진흥원 원장에게 바란다

안동 동부동에 들어서고 있는 경북문화콘텐츠진흥원 초대 원장에 안동영상미디어센터 김준한 이사장이 선임됐다. 말도 많았지만 경상북도가 김준한 이사장을 선택한 것은 전문가에 의한 제대로 된 경북문화콘텐츠를 창출하겠다는 의지로 읽힌다.

가야문화권과 유교문화권, 신라문화권 등 이른바 3대 문화권으로 재편해 정체성과 혼을 콘텐츠 차원에서 정립해야 하는 경북도의 입장에서는 EBS 국장과 한국콘텐츠진흥원 전략본부장을 역임하고 고향 안동으로 돌아와 문화산업으로 먹고살 길을 보여 준 그의 역량이 필요했다.

그의 관점과 도전이 이제야 평가받은 것이지만 그간 그의 문화적 실험은 곡예사의 줄타기처럼 아슬아슬하기만 했다. 〈사모〉와 〈락—나라를 아느냐〉가 대한민국 최초의 장소성 콘텐츠 실경 뮤지컬의 새로운 장을 개척하여 교과서에 실리는 업적을 남기고도 콘텐츠의 무형적 성과를 이해하지 못하는 이들로부터 예산 까먹기 타령에 휘말리기 일쑤였다.

예산 부족으로 상영 시간이 26분밖에 되지 않은 짧은 애니메이션 영화 〈엄마 까투리〉가 아이들의 동심을 흔들고 있는 상황에서도 지역 현실과 동떨어진 문화 환상주의를 퍼뜨린다는 날 선 비판에 직면해야 했다. 이런 몰이해 속에서도 오늘의 그를 있게 한 것은 끝까지 그의 전략을 믿고 따른 절대적 후원자들과 안동영상미디어센터가 있었기에 가능했다. 실질적으로 문화산업이라는 개념을 처음 접해보는 이들이 그가 주창하는 문화적 외침을 쓸데없는 짓거리로 폄훼하여 휘청거리게 만들 때도 그의 가치를 알아본 이들은 끈질기게 그를 변호하며 방어했다. 그것이 공동의 이익과 가치에 부합되는 길이라며 그들을 설득했다.

다른 한편 그의 진정성은 일로서 호평받을 만했다. 지금도 미디어센터는 새벽까지 불이 꺼지지 않은 건물로 유명하다. 젊은 문화일꾼들의 꿈 저장고이며 희망제작소로 자리매김했다. 이것만으로도 김준한의 존재가치는 충분하게 증명된 것이 아닐까?

이제 그는 더 큰 꿈을 이야기할 것이다. 지역 문화판에 몸을 던져도 먹고살 수 있다는 것을 보여 주어야 하고 이곳에서 배우고 익혀도 최고가 될 수 있다는 것을 증명해야 한다. 그 가능성을 심어 주는 것이 그에게 던져진 숙명이다. 그러기 위해선 먼저 기다릴 줄 알아야 한다. 맡겼으면 믿어야 하고 마음껏 능력을 발휘하도록 여건을 뒷받침해 주는 것이 우선이다.

〈매일신문〉 2012년 5월 3일

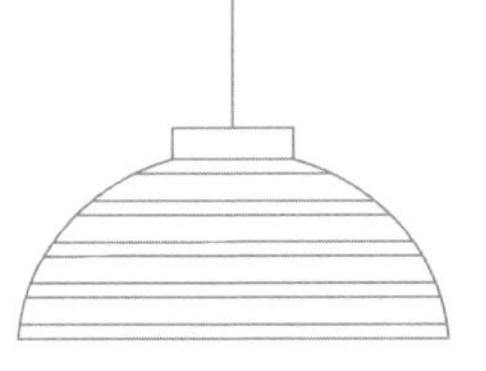

# 산수실경 뮤지컬 〈왕의 나라〉

**〈왕의 나라〉는 산수실경을 표방한다.** 아마 이 말이 내포하는 가장 큰 의미는 안동문화예술의전당처럼 실내에 인위적인 무대장치를 꾸며서 하는 공연이 아니라 산과 물, 고택 등 주위의 풍광을 무대 삼아 뮤지컬을 만들겠다는 것이다. 이 말은 다름 아니라 안동에 오지 않으면 볼 수 없는 장소성 콘텐츠를 지향하겠다는 선언 같은 것이다.

내가 김준한 총감독으로부터 이 이야기를 듣는 순간 맨 처음 머리에 떠오른 것은 뜻밖에도 티끌이 전부고 전부가 곧 티끌이라는 화엄 사상의 종지였다. 산수실경에 인위적인 무대장치를 가하든 최대한 자연 풍광을 살리든 이 사안의 핵심은 지극한 오묘함에 있다는 생각이 퍼뜩 뇌를 스쳐 갔다.

자연을 최대한 훼손하지 않고 집을 배치하는 원림의 방식이든 집 중심에서 곁다리로 등장한 정원의 개념이든 밀도 높은 표현력과 선율 고운 소리, 미묘한 감각의 구성이라는 3합의 무대장치를 통해 남다른 조형 세계를 보여 줄 수 있어야 한다는 생각이 들었다.

덧붙여 총감독이 지적한 대로 삼베, 황토, 소나무, 한지, 대나무, 명아주 등 지역색채를 강하게 드러낼 수 있어야 한다. 안동에 오지 않고는 볼 수 없는 공연이 되려면 기존 뮤지컬과는 차별성과 독립성이 담보된 질 높은 무대를 보여 줄 수 있어야 하는데 이렇게 하려면 관객들이 대도시 공연에서는 꿈도 꿀 수 없는 소품이 지역 색채를 띠고 등장해야 한다. 문화주권의 회복을 위해서라도 이 문제는 간과해서 안 되는 매우 중요한 사안이다.

참고로 뮤지컬의 완성도를 위해 경직성을 배제하고 자유로움을 배가하는 차원에서 한 가지 더 덧붙인다면 조선 산수실경의 조종인 겸재 정선은 풍광에 취했으나 실경을 과감하게 생략하거나 과장하는 방법으로 자신의 목표(성리학적 이상향)를 추구했던 반면, 단원 김홍도는 실경의 아름다움을 있는 그대로 시각적으로 드러냈다.

뮤지컬 〈왕의 나라〉 전사들이여! 어느 것을 택하든 아무런 상관이 없다. 단원이든 원림이든, 겸재든 정원이든 아니면 이 둘의 혼합이든 티끌이 곧 전부고 전부가 곧 티끌인 오묘한 조합, 설명할 수 없는 신묘함의 아름다움을 추구하여 위대한 예술혼을 무대장치에 투영하는 오직 그 한 길뿐이다.

〈안동인터넷뉴스〉 2011년 5월 18일

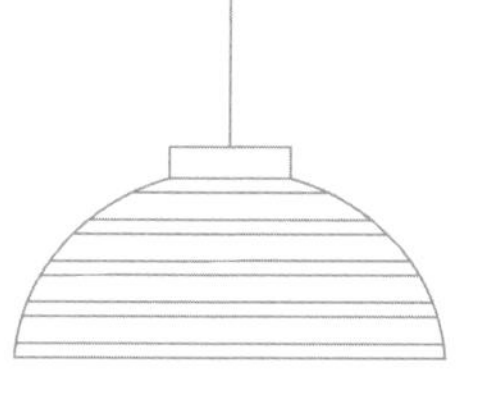

# 〈왕의 나라〉 전사에게 고하노라

〈왕의 나라〉 스텝과 배우들이여, 전사들이여! 그대들도 알다시피 뮤지컬 〈왕의 나라〉는 1361년 공민왕이 홍건적의 난을 피해 안동으로 파천 왔던 역사적 사건을 배경으로 웅혼했던 고려시대 안동의 역사를 대중 영웅주의와 지방주권이라는 이중의 숨겨진 장치를 통해 구현하고자 한다.

지방주권과 대중영웅주의 표방이라는 주제가 다소 무거운 탓에 사랑 이야기 속에 기술적으로 녹아 있어 보는 이들이 눈치채지 못할 수도 있다. 만약 이러한 숨겨진 장치가 관객에게 무시된다면 〈왕의 나라〉는 거의 성공한 것이나 다름없다.

연출자와 작가의 의도가 드러나지 않았다는 것은 역설적으로 뮤지컬이 관객에게 복잡하게 생각할 틈을 주지 않고 감각에 기댄 몰입의 장치들이 성공했다는 반증이기 때문이다. 제발 부탁이건대 이렇게 되었으면 좋겠다. 조화와 세련된 무용에 압도되고, 빛의 현란한 유혹에 넘어가고 배우의 가창력에 홀려 전율한 나머지 작가의 쓰잘머리 없는 의도가 깡 그리 무시된다면 얼마나 좋으랴. 그렇게만 될 수 있다면 얼마간의 시간이 흐른 후 인식 속에 잠재된 감각의 마법이 풀리는 순간 무연히 무언가 말하려는 메시지를 누군가에게서 묵직하게 느꼈다는 말을 듣는 것만으로 덩실덩실 어깨춤을 출 수 있으리라.

수십 명이 함께 춤추고 합창하는 등 퀄리티와 볼거리라는 두 마리 토기를 모두 잡을 수 있는 장치를 배치하고 관객들이 편안하게 즐길 수 있는 뮤지컬로 만들고자 지금도 머리를 맞대고 작품의 밀도를 높이려는 여실한 노력을 경주하고 있는 〈왕의 나라〉 전사들이여!

대중 영웅주의에 대해서 조금 더 말한다면 우리는 주인공 여랑과 손홍량을 통해 역사가 정사에 기록된 영웅에 의해서만 전개된 것이 아니라는 것을 말할 수 있어야 한다. 이름 없는 백성을 하나로 모아 난리를 평정했던 손홍량 같은 인물이 진정한 영웅이며, 힘없는 민초 여랑의 뜨거운 사랑 이야기가 공민왕의 영웅적 이야기보다 더 매력적일 수 있다는 것을 보여 주어야 한다. 시대가 맞지 않아 조명이 서툴렀지만 고삼주로 나라를 세운 안중과 같은 역사에서 천대받은 인물을 무대 중심에 세우고 싶은 가득 찬 욕심으로 뮤지컬을 대해야 한다.

다른 욕심도 있다. 뮤지컬 〈왕의 나라〉는 지역에서 평생 문화와 예술에 헌신한 이들이 무대에 오르고, 춤과 노래를 가르치고도 먹고살 수 있다는 것을 보여주는 촉매제와 징검다리 역할을 할 수 있어야 한다. 단숨에 배가 부를 수는 없으나 홍보, 음향, 조명, 무대, 대본, 연출을 외부의 힘을 빌리지 않고도 거뜬하게 해낼 수 있는 가능성을 이번 기회에 보여준다면 머지않아 지방 열패주의와 먹고사는 문제는 자연 해결되리라.

안동 문화의 다양성을 재고하는 것도 빼놓을 수 없는 과제다. 유교, 불교를 넘어서 가능태의 역사와 미신의 범주 사이에서 어정쩡하게 머물러 있는 공민왕 관련 신앙 등을 민속과 문화의 영역으로 제대로 흡수해야 한다. 이 영역을 뮤지컬 〈왕의 나라〉를 계기로 제대로 접근하고 조명한다면 여랑각이 세워지는 등 살아 있는 역사를 우리가 새롭게 써 나갈 수 있을 것이다.

뮤지컬 〈왕의 나라〉는 단순한 뮤지컬이 아니라 집중과 선택을 통해 탄생한 만큼 지방 문화의 르네상스를 구가하는 선구자 역할을 할 수 있어야 한다. 영남일보의 지면 지상중계를 통해 대중과 소통하는 방식을 선택한 것도 획기적인 기획이 아닐 수 없다. 지금 우리는 (안동)문화(경북북부)의 패러다임이 바뀌는 시대에 살고 있다.

안동 문화를 굳이 대별한다면 원형 문화 자체를 보여주는 시기와 원소스멀티유즈라는 가공을 통해 판매하는 시기로 나눌 수 있을 것이다. 작가인 나 자신뿐만 아니라 문화와 예술에 종사하는 이들에게 꿈을 심어 준 것은 물질과 물량이 아니라 역시 사람이었다. 사람이 역사를 바꾸고 패러다임을 바꾼다는 사실을 직시할 수 있다면 진정 우리가 누구를 받들어 모시고 이 길을 걸어가야 하는지 훤히 보일 것이다. 적어도 정면이나 측면이 아닌 둥근 원을 볼 수 있는 사람이라면 창작할 수 있도록 물심양면으로 도와준 분들에게 고개를 숙일 줄도 알아야 한다.

옛것을 통해 오늘을 확대하는 역사적 과정으로 이 작업을 이해했으면 좋겠다. 그 옛날 화려했던 역사의 조명을 통해 도청 이전의 진폭을 확대하고 어제와 오늘의 상호 교섭과 교류를 통해 우리의 정체성을 확인하고 미래적 가치를 돌아보는 계기로 삼아야 한다.

이제 마지막 말을 하겠다. 전사여, 내가 한 말은 모두 잊으라. 작가의 의도는 바둑으로 치면 격언 같은 것이다. 바둑에서 격언을 배우고 다음에 정석을 배우지만 고수가 되려면 격언과 정석을 잊어야 새로운 길이 열리는 법이다.

당부하건대 뮤지컬 〈왕의 나라〉에 목맨 그대 청춘들이여 총감독의 자식이면서 분신이기도 한 무대, 조명, 의상, 음향, 진행, 스텝들이여 이제는 그대들이 반란을 보여 줄 때다. 거침없는 질주로 공연에서 자신만의 영역을 선보여라. 무대만이, 조명만이, 의상만이, 음향만이, 진행만이 홍보만이 전부이게 하라. 다른 것은 모두 사족이다. 내 것만 제발 최고로 만들라. 나머지 고민, 즉, 오케스트라의 조화는 총감독과 조감독이 알아서 할 것이로다.

〈안동인터넷뉴스〉 2011년 5월 20일

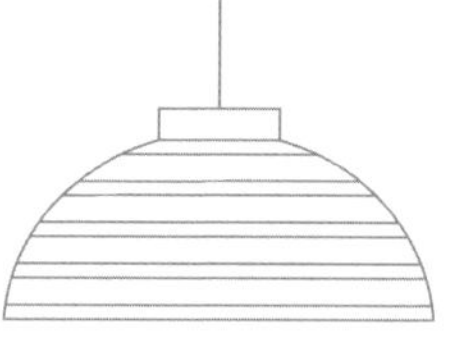

# 안동은 왜 위대한가?

누군가 우스갯소리로 "안동은 조상 덕에 먹고산다."고 하는 말을 들은 적 있다. 하기야 도처에 산재해 있는 문화재며 사상의 유구함을 반추해 보면 그 말인 즉, 현재의 안동을 정확하게 평가했다는 생각이다. 따라서 오늘날 우리가 관광안동을 주창하고 유교문화권 개발을 주도할 수 있는 근저에는 조상의 음덕과 그늘이라 하지 않을 수 없다.

우선 문화재의 양적인 면에서도 안동은 단연 독보적인 존재다. 국가 지정 문화재만 해도 260여 점을 보유하고 있어 이는 전국 최고다. 인근의 경주 또한 문화재의 보고인 것은 사실이지만 안동의 문화재와는 대별(大別)된다. 경주가 발굴에 의한 문화재라면 안동은 집안 대대로 물려오던 조상의 유산이 대부분 문화재로 지정된 것이다. 이런 탓에 안동 사람이 문화유산에 갖는 애정이란 타 지역의 그것과는 비교할 수 없는 자긍심이 간직되어 있다.

그러나 이것만으로 안동의 위대성을 설명하기란 뭔가 부족함이 있다. 문화유산의 이면에 사상이 혼재되어 있지 않고 그것을 실천하는 지행합

일이 없었더라도 안동은 위대해질 수 있었을까?

나는 이 문제를 타지인의 시각에서 생각해본 적 있다. 흔히 타지인들은 안동을 양반의 고장이라고 부른다. 이는 범절이 뛰어나고 이치에 밝았던 안동인에 대한 적절한 예의며 예우라는 생각에 그리 기분 나쁜 소리로는 들리지 않는다. 그러나 양반이라는 말속에는 권력에 대한 지향과 기득권 유지에 대한 애착이 강하게 표현된 것 같아 안동을 나타내기에는 적절해 보이지 않는다. 더구나 반상이 엄격히 구분되던 시절 계급 간의 엄격한 질서만 강조된 나머지 지배와 피지배의 인식이 강하게 전달된 것 같아 안동의 진정한 모습을 대변하는 언어로는 적당하지 않아 보인다.

따라서 안동은 그 진정한 의미에 있어 양반이라는 말보다는 선비의 고장이라고 불리는 것이 안동의 정신에 보다 부합한 언어라고 할 것이다. 그것은 안동이 반상의 문화를 향유하면서도 나라가 어려울 때마다 온몸을 던져 항거했다는 데 있다.

만약 안동이 권력만을 지향하면서 정작 국난에 몸을 사리는 고장이었다면 안동의 가치는 크게 반감되었을 것이다. 임진왜란과 일제강점기 때 온몸으로 항거했던 선비의 조상이 있었기에 안동의 위대성은 배가되는 것이다. 지식만 추구했던 나약한 선비가 아니라 그 사상을 현실에 뿌리내리려 했던 실천의 조상들이었기에 안동은 위대할 수 있었다.

우리는 지금 안동을 발전시키려고 하는데 그 밑천이란 다름 아닌 조상들의 유산이다. 그런데 우리가 주의해야 할 것이 이러한 선비 정신의 위대한 엑기스는 빠뜨려놓고 양반 정도 대우에 만족하고 있는 것은 아닌지 모르겠다. 우리가 관광안동을 주창하려면 조상의 정신을 현대에 접목시키려는 노력을 해야 한다. 그것도 엑기스를 중심으로.

개별화되어 가는 현대들에게 애국심을 길러 주고 고전에 대한 관심을 제공해 주는 것. 그리하여 나보다는 우리가 우선하는 공동체 정신을 구현해 나가는 살맛 나는 세상을 만들어 가는 것이야말로 진정한 조상의 정신을 현대에 접목하려는 길이라고 생각해 본다.

〈경북북부신문〉 1999년 7월 21일

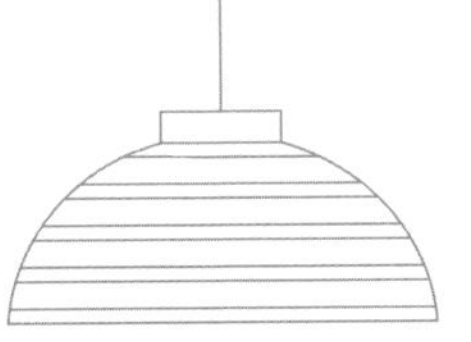

# 파병,
# 무엇이 문제인가?

**여당이 단독으로 통과시킨** 파병 안에 따라 4백여 명의 우리 병사들이 분쟁지역인 동티모르로 떠났다. 월남전(1964~1973년) 때 전투병을 파병한 이래 26년 만의 일이다. 정부여당은 그동안 국제사회가 우리에게 보여 준 은혜에 보답하기 위해 파병된 우리의 젊은 피들이 동티모르인의 인권을 보호하게 될 것이라며 파병의 당위성을 설명하고 있다.

그러나 정부의 이런 해명에도 국군의 파병과 같은 중차대한 사안이 국제사회에 대한 은혜를 갚는 차원에서 결정되는 것이 과연 합당한가의 문제와 함께 우리가 동티모르인의 인권보호를 외칠 만큼 제반 현실이 그것을 뒷받침하고 있는가 하는 것은 여전히 의문으로 남고 있다.

국제사회의 흐름은 누가 뭐라고 해도 국가이익을 최우선으로 한다. 그런 까닭에 파병이 불가피했다는 찬성론자들의 논리는 일견 그럴듯해 보이지만 여러 가지 측면에서 말끔하지 못했다는 인상을 지울 수 없다.

먼저, 주권국가에서 국방과 외교는 가장 큰 비중을 차지하고 있다. 그런데 파병 결정이 미국의 요청에 의한 것이었다는 외무부당국자의 발언은 우리의 주권을 크게 훼손하는 처사로 국민에게 파병 문제 하나 우리 스스로 결정하지 못한다는 자괴감을 심어 주기에 충분했다. 차라리 그렇게 말할 바에야 파병이 우리의 국익에 부합한다고 말하는 것이 정답이었다.

특히, 이번 파병은 월남전과 달리 주적이 분명하지 않은 데다 인도네시아의 군부, 집권세력, 대학생, 지식인 등의 반한 감정을 자극, 그동안 우호적이었던 인도네시아와의 선린 관계를 깨뜨릴 수 있다는 점을 간과했다는 것이다. 현실적으로 인도네시아 국민이 동티모르에서 다국적군과 대치하고 있는 민병대를 조국을 지키는 애국 전사로 생각하고 있는 만큼 의무병과 공병이 아닌 전투 병력의 파견이 과연 올바른 판단이었는가는 한 번쯤 되돌아볼 필요가 있다.

아울러 무엇보다 파병이 불러올 가장 큰 우려는 2만여 명의 현지 교민과 인도네시아에 진출하여 있는 4백여 기업체 직원의 안전 문제다. 실제로 인니의 대학생들은 다국적군을 주도하고 있는 호주군에 대한 반감으로 호주대사관 앞에서 격렬한 시위를 벌이고 있다. 이에 대한 여파로 놀란 우리 교민들이 본국으로 피신하고 있는 상황은 현지 분위기를 단적으로 보여 주는 예로 교민들의 안전이 걱정스러운 것이다.

이와 함께 이 시점에서 우리가 먼저 재고해야 할 부분이 있다. 과연 우리가 타국의 인권을 말할 자격을 갖고 있느냐 하는 점이다. 우리 스스로 인권국가로 가기 위한 목표설정을 명확하게 해 두고 있는지 그 반문이 선행되어야 하며, 또한, 그 실천적 의지에 대해 되짚어 보아야 한다.

불행히도 이것을 끄집어내면 국내 상황은 물론이고 당장 탈북자 문제에서부터 탈출구가 막혀 버린다. 우리의 햇볕이 북한당국의 지지기반 확충에만 도움을 주고 그것을 반대하는 인민의 이해를 배반했다면 그 역사적 책임을 누가 질 것인가 고민해야 한다.

중국은 탈북자에 대해 오로지 체포 후 북으로 압송하는 비인도적 정책을 고수하고 있는데 왜 이것에 대해서는 침묵으로 일관하고 있는지 정부가 답을 내놓아야 한다.

이것을 내버려 둔 채 어떻게 남의 나라 인권을 논하며, 그것을 해결하기 위해 우리의 소중한 젊은 용사에게 피를 강요할 수 있단 말인가.

그렇다면, 해답은 한 가지다. 현실적으로 파병이 이뤄진 만큼 이런 고민 위에서 그 인권의 실익을 한반도로 옮겨 놓는 데 지혜를 모아야 한다. 그래야, 진정 이번 파병이 국가이익에도 부합되고 명분도 더 확실해 질 수 있다고 보기 때문이다.

〈안동대학 신문 제281호〉 1999년 10월 11일

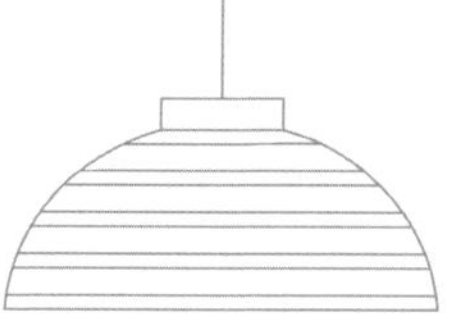

# 안동의 고건축물

— 현황 파악 위한 실질적 조사 필요

**안동시립박물관이 작년에 이어** 올해도 『안동의 재사』라는 책을 발간했다. 1권에는 와룡, 풍산, 예안, 녹전 지역의 재사가 수록되어 있고 2권에는 서후, 풍산, 북후 지역의 재사가 상세하게 파악되어 있다. 안동시립박물관은 계속해서 올해 풍산, 풍천, 일직에 이어 내년에는 남후면 등 나머지 지역에 대한 재사를 수집하고 파악하여 총 4권의 책 속에 안동시 전체의 재사 현황을 완벽하게 수록할 계획을 세워 두고 있다.

이 작업을 이희승, 손상락 학예사가 주도하고 있는데 재미있는 것은 이들의 말에 의하면 세밀하게 파악해 들어갈수록 재사의 수가 계속 늘어난다는 것이다.

비슷한 말을 녹전 지역의 고건축물 현황 파악을 주도했던 권두현 안동축제관광조직위원회 사무처장에게서도 들은 적 있다. 실질적으로 조사해 보니 현재 우리가 알고 있는 것보다 훨씬 많은 고건축물이 아직 알려지지 않은 채 잠자고 있더라는 것이다.

전문가들은 안동이 전국의 고건축물 가운데 30% 이상을 보유하고 있고, 안동문화권을 합치면 40%가 넘을 것으로 보고 있다. 한마디로 안동시 전체와 경북북부권은 걸어 다니며 보는 고건축 박물관이라 할 만하다.

고건축물에 대한 통계는 현재 100% 정확하지 않다. 정동호 시장 시절인 1999년 12월 전 5권의 『안동시사(安東市史)』를 통해 어느 정도의 고건축물을 파악하는 성과를 내기는 했으나 시간상의 제약으로 완벽하게 정리되지는 못했다. 이후 통계학적으로 의미 있는 '안동시사'가 아직 발간되기 전이어서 급선무는 정확한 통계를 내는 작업을 시작해야 한다.

안동 지역에 분포하고 있는 고건축물의 형태를 보면 사람의 거주 공간이었던 고택, 교육기관 역할을 했던 서원과 서당, 독서와 수양의 공간이었던 정사(精舍), 제례 공간인 재실과 누각과 정자의 기능을 동시에 구비했던 누정으로 크게 나눠 볼 수 있다.

『안동시사』 전 5권 중 4권의 242페이지에서 시작되는 제6장 문화라는 단락에 보면 유형문화재의 지정현황과 서원, 서당과 정사, 누정의 현황이 소상히 기록되어 있다.

이 중에서 먼저 차이가 통계학적으로 확연하게 드러나는 부분이 유형문화재인데 이는 파악의 유무 문제가 아니라 1999년 이후 안동의 고건축물이 국가나 지방정부로부터 지정받는 사례가 늘어남에 따른 자연스런 차이다. 1999년 12월 말 기준 232점이었던 안동시의 지정문화재는 현재 287점으로 늘어났다.

전국 최다를 보유하고 있는 서원의 경우는 1864년 대원군의 서원 훼철 이전에 37개소가 있었고 이 중 사액서원이 6개소였으나 철폐령 이후 도산서원과 병산서원을 제외한 전 서원이 훼철되었다. 그 이후 1900년대에 이르러 훼철된 서원을 복원하거나 새로 설립된 서원이 1997년을 기준으로 향사를 지내는 서원 21개소를 포함하여 29개소의 서원이 있고 완전히 사라진 서원이 15개다. 사라진 서원을 포함한 총 42개의 서원에 배향된 인물은 85명이다.

그런데 2003년 안동향교에서 발간한 『유림비요』라는 책에는 현존하는 서원이 오계서원을 포함하여 26개소로 나온다. 서당 2개소와 7개소의 사우(祠宇)를 포함해서다. 어느 것이 맞는지 잘 모르겠다.

안동시사의 서당 관련 기록에서는 현존하는 것과 기록에 남아 있는 것을 포함하여 모두 48개소이고, 정사는 27개로 기록하고 있다.

누정은 221개로 파악되어 있으나 같은 해 12월 말 『안동시사』와 동시에 발간된 『안동문화』 7집에는 누정의 숫자를 217개로 파악하고 있다. 누정의 경우 안동시사 자료와 안동문화원 자료가 모두 살림집과 연결되지 않은 독립된 건물만 포함하고 있어 실제 생활공간으로 변형된 것까지 합치면 이보다 숫자가 훨씬 많은 것으로 보여 실사를 통한 정확한 통계가 필요한 시점이다. 재사 관련 부분은 『안동시사』에 아예 언급되어 있지 않아 안동민속박물관의 재사자료의 가치가 더 귀중할 수밖에 없다.

살림집의 형태인 고택은 정확한 자료를 찾을 수 없었다. 다만 종택은 불천위로 모시는 집이 47곳이라는 기록이 있어 대략 이를 유추해 볼 수 있고, 더구나 사람이 살지 않은 곳까지 합치면 이 숫자는 훨씬 더 많이 늘어날 수밖에 없을 것이다.

모든 걸 완벽하게 통계를 내려면 조직적이고도 전문적인 힘이 필요하다. 안동민속박물관에서 재사를 조사하는 것처럼 안동시의 전 고건축물 현황 파악을 위한 실질조사가 필요한 시점이다.

〈경북in뉴스〉 2010년 4월 30일

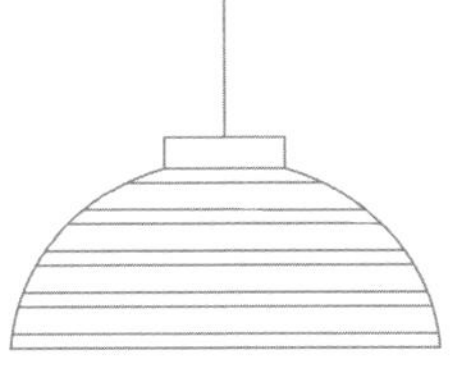

# '조선' 안동을 넘어 '고려' 안동까지

조선조 안동을 상징하고 대변하는 말들은 너무 많다. '조선인재 반 영남이요, 영남인재 반 안동'이라는 말에서부터 '선비의 고장', '양반의 고장', '노블레스 오블리주' 등등. 이런 말들이 무색하지 않을 만큼 조선시대의 안동은 사상에서의 비중은 물론, 격변기마다 집단적 정신을 행동으로 표출, 국난을 극복하는 원동력과 기폭제 역할을 톡톡히 했다.

현재 우리가 느끼고 실감하는 자긍심의 배경이 되는 선비 정신이라는 것도 문화적 유전자를 통해 관념성이 행위로 이어지고 행위는 다시 관념성에 지배되는 상승작용을 통해 문화의 범주로 자연스럽게 녹아난 결과물이다. 이것이 안동의 상징성이고 얼굴이라는 데 별 이견이 없을 것이다.

## 문화적 지층을 넓고 두껍게 만들어 가야

현실의 실정이 이러하고 실제적으로 문화 전반을 지배하는 정서가 조선조를 배경으로 하고 있다. 하지만 안동 문화를 이것에만 치중해 버리면 그것이 곧 문화 축소이고 다양성을 상실하는 결과가 된다는 사실을 직시해야 한다.

특히 지금 전승되고 있는 안동 문화에는 고려시대를 기반으로 형성된 문화의 원형적 소스가 고스란히 남아 있다. 고려시대의 안동을 부각하지 못하면서 안동을 제대로 알고 똑바로 정립했다고 자신한다는 것은 모순이다. 어쩌면 이런 이중의 모순적 구조 속에 서 있는 현실이 오늘 우리들의 자화상이기도 하다.

안동 문화의 중요한 원형적 뿌리가 고려시대에서 시작되었다는 부인 못 할 역사적 사실과 가능태의 역사는 우리 주위에 무수히 널려 있다. 봉정사 대웅전과 무량수전, 안중 전설, 이천동 석불, 차전놀이, 하회별신굿, 수동별신굿, 가송 진법 농악, 놋다리밟기, 성주풀이, 삼태사 문화와 김방경, 손홍량으로 이어지는 고려시대의 정치 역사적 환경 등이 그러하다. 이렇게 고려시대의 안동은 조선시대의 선비 문화와 함께 안동을 떠받치는 중요한 축이다.

## 문화 확대하는 제도적 뒷받침 공고해져야

요즘 동화작가 故 권정생 선생의 예를 보고 있으면 문화가 어떻게 확대되어 가는지를 실감하게 된다. 단언하지만 이 추세대로라면 우리의 후세대는 또 한 분의 존숭할 만한 역사적 인물을 갖게 될 것이다. 문화의 확대라는 것은 그런 것이다.

원형적 소스가 가능성 있으면 우리 스스로 만들어내어야 한다. 모든 기록적 집약성이 조선조에 치우쳐져 있어 논문이나 번역, 해석을 다룬 책 발간 등에서 기계적 균형을 맞추는 것은 불가능할 것이다. 하지만 전설과 신화를 확대하는 영역과 공간인 콘텐츠의 산업화 단계에서는 이 같은 문제의식으로 문화적 균형을 고려해야 한다.

그리고 유관기관이 인력을 모집할 때도 불교, 민속 등 다양한 전공자를 뽑아 유학에 치우친 해석이 주류를 이루게 할 것이 아니라 신화와 전설, 불교와 민속이라는 안동 문화의 다양성이 드러날 수 있도록 제도적 뒷받침을 해 주어야 한다. 의지를 갖고 노력을 줄기차게 한다면 머지않은 시기에 이러한 힘은 외국인과 외지인을 더 많이 안동으로 불러들이는 힘으로 작용할 것이다. 세월이 흘러 100년, 500년 후에도 안동이 먹고살 수 있는 원천으로 자가발전 할 수 있을 것이다.

〈경북in뉴스〉 2011년 2월 18일

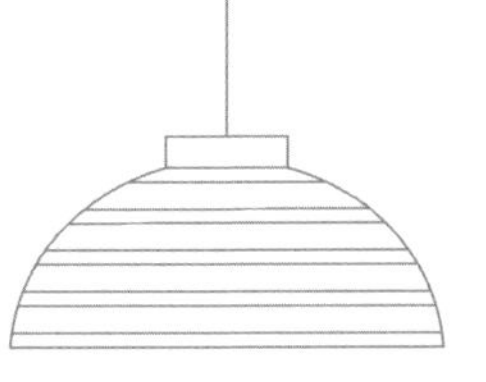

# 퇴계가와 용수사 '융합과 통합의 모델'

**안동시 도산면 온혜리** 노송정 종가 뒤편 퇴계 선대 묘소를 관리하기 위해 지은 재사(齋舍)인 수곡암(樹谷庵). 이 암자는 퇴계 선생이 50세 되던 해 집안 묘소를 관리하고자 용수사의 설희(雪熙) 스님에게 부탁해 지었다고 전한다.

필자는 며칠 전 수곡암 기문을 노송정 종가의 이창건(62세) 종손에게서 받아 보았다. '동당(東堂)은 유생이, 서당(西堂)은 설희 스님이 거처한다.' 는 내용과 재사에 불교 건물에 붙여지는 암자 암(庵)자를 붙인 것이 유독 눈에 띄었다.

이에 대해 이동건 영남퇴계학회 이사장과 이동승 전 서울대 불문학과 명예교수는 정리(情理)라고 해석했다. 묘소 앞에서 지내는 제사의 법도는 원래 종가의 의례였으나, 지파의 후손이 참석하는 것을 정리상 나무라지 못하듯 나라의 억불정책에도 몸과 마음으로 체득된 불교와의 인연을 무자비하게 끊어내는 것은 선비의 처신에 어울리지 않는다고 여긴 퇴계 선생의 '불교 수용관' 이었다는 것.

퇴계의 불교관인 '정리'를 현대적으로 해석하면 존중과 융합이다. 필자는 그동안 펴냈던 책 4권의 집필 작업을 모두 용수사에서 한 인연으로 지난 2009년 9월 '한국음식의 종가 안동 식(食)'을 끝내고 한 달여를 용수사에서 쉬었던 일이 있었다.

평소 내가 사용하던 방에다 짐을 풀어놓고 경내 찜질방에서 쉬고 있을 때 선비의 풍모가 느껴지는 노인이 자신과 한방을 쓰자며 말을 걸어왔다. 지난해 타계하신 이동은 퇴계 종손의 실제(實弟)인 이동한 전 충북대 경제학과 교수였다. 용수사에 거처하며 도산서원 선비문화수련원에서 활인심방을 강의하고 계셨는데 그분에게서 용수사의 법련과 정일스님이 도산서당을 지은 이야기며 용수사와 퇴계가와의 깊은 인연을 전해 들었다.

한 달을 융합과 통합, 존중이라는 화두를 공부하면서 지낸 셈이다. 지금 안동에서는 소통을 통한 융합과 존중이 화두가 되고 있다. 목성동 성당과 대원사, 금곡서당, 유교문화회관, 안동교회, 성덕도 등 다양한 종교시설이 몰려 있는 안동시 목석동 일대를 '종교특구'로 만들고 있다.

권기창 교수 같은 도시 재편의 눈을 가진 전략가들과 용수사의 상운스님, 이동한 교수 같은 융합파들이 힘을 합쳐 이곳을 화합과 통합을 통한 지역발전 특구로 만들려 하고 있다. 아울러 '어울누리'라는 문화단체를 함께 만들어 '낙동강 생명존중 대축제' 등 종교와 이념을 넘어 융합과 통합, 존중이라는 시대정신 실현에 앞장서고 있으니 선대(先代)에 맺은 선근(善根)이 보기 좋게 이어지고 있음이다.

〈매일신문〉 2012년 3월 8일

# 여류 문인 설죽을 되살리자

**설죽의 생몰 연대는** 미상이다. 한세상 그냥 자유롭게 바람처럼 살다간 영혼이었다. 자신의 흔적이 뒷날에 남겨질 것이란 생각은 꿈에도 못 했을 것이나 어느 양심적(?) 선비가 그녀 일생의 중요한 비밀[詩]을 모아놓았다.

그 기록에 따르면 설죽이라는 여인은 충재 권벌(1478~1548년)의 손주이며, 청암 권동보(1517~1591년)의 아들인 석천 권래(1562~1617년)의 여종(侍婢)이었다. 설죽은 권래의 여종으로 있다가 송강 정철의 애제자인 석전 성로(1550~1615년)의 첩이 되었는데 어떤 연유였는지는 기록에 없다.

다만 청암정에서 설죽, 권래, 석전의 만남이 있었고 거기서 설죽이 석전을 연모하여 시 한 수를 바치고 시침을 허락받았다는 기록이 원유 권상원(1571~?)의 '백운자시고(白雲子詩稿)'에 언급되어 있을 뿐이다.

백운자시고에는 설죽의 시가 오언절구 37수, 오언율시 5수, 칠언절구 122수, 칠언율시 2수 등 166수가 필사되어 수록되어 있다. 후에 설죽은 석전을 떠나 이름을 알 수 없는 재상의 첩이 되었다고 전한다.

그녀의 문학성 높은 시 166수가 전해지고 있다는 사실만으로 설죽은 이제 우리가 새롭게 대해야 할 역사적 인물이다. 조선조 규방문학의 대표인 허난설헌이나 기생문학의 상징인 황진이와 비견하는 작업에서부터 콘텐츠 영역에서도 그녀를 되살려내어야 한다.

더구나 시대적 상황으로 여류 문인의 활동공간이 좁아 남아 있는 작품이 그리 많지 않다는 점에서 시문과 그림으로 일세를 풍미했던 신사임당이나 정부인 안동 장씨처럼 어느 한 분야에서든 대접받을 만하지만 아직 그녀가 부활했다는 소식을 듣지 못했다.

필자는 작년에 설죽을 소재로 단편 「불멸의 사랑」을 집필, 경상북도 지역 협력사업 뮤지컬 부문 공모에 당선되어 2천만 원을 받은 적이 있다. 그러나 그 예산으로 뮤지컬을 만들 재간이 없어 곧바로 2천만 원을 되돌려준 적이 있는데 올해도 설죽으로 뭔가 해보려는 사람들의 원이 쉽게 풀리지 않은 모양이다.

불편한 진실이지만 혹여 우리가 그녀의 거추장스러운 삶을 핑계로 예술의 영역에서조차 거들떠보지 않는다면 시의성을 놓쳐 인물 자체를 잃어버리는 우를 범할지 모른다. 설죽과 관련해서는 다른 지방과의 경쟁 요소가 복합적으로 작용하고 있다는 사실을 간과해서는 안 된다. 콘텐츠의 세계에서는 선점 여하에 따라 인물과 이야기가 귀속된다. 설죽은 봉화와 안동에서 포기하기에는 너무나 매력적 인물이다.

〈매일신문〉 2012년 4월 5일

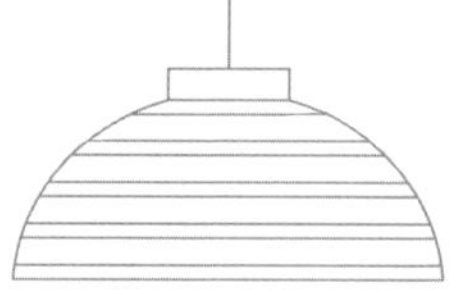

# 역사의 변동과정

## 1. 서설

통일적 접근 방식은 현실에 머물러서는 곤란하다. 일면 현실을 넘어 역사를 바라볼 줄 알아야 길이 보인다. 그렇다고 맹목적으로 역사의 길로 들어서면 길을 잃어버린다. 현실이 쌓여서 역사가 되기 때문이다.

지난 이야기지만 이명박 정부 5년 내내 가장 궁금했던 건 과연 대북 정책을 누가 조율, 건의하고 집행하느냐 하는 것이었다. 대북 정책을 컨트롤했다고 여기는 쪽에서는 물론 어떤 원칙하에서 남북관계를 이끌어 갔다고 주장하겠지만 일반 국민이 느끼는 감정은 그 시기에 대북 정책이 과연 존재한 것인지에 대한 의문이 들 정도로 남북관계는 긴장과 경색의 반복이었다. 특히 이 시기는 그전 10년간 진보 정권이 이룩한 유연한 흐름이 다음 정권 5년 안에서 어느 정도 시스템적 안착을 이룰 수 있는 시점이었다는 점에서 그동안의 흐름을 역으로 돌린 정책적 근시안은 어떤 면에서 역사의 단죄가 필요할지 모를 만큼 어리석은 것이었다. 그들은 더 깊숙이 들어갔어야 했다. 더 깊숙이 들어가서 그전보다 훨씬 많은 의약품과 생필품과 농기구를 지원했어야 했다. 보수 정권이 갖는 국방에 관한 안정적 기반을 바탕으로 진보 정권이 이룩한 성과보다 더 깊숙이 북으로의 경제적 침투를 했더라면 남북관계는 분명 지금과는 다른 위치에 서 있을 것이다.

그 같은 아쉬움은 보수 정권을 이어받은 박근혜 정부에서도 별반 달라 보이지 않는다. 원활한 남북관계를 이어가고 통일을 앞당기는 데는 하나의 대원칙이 서 있어야 한다. 외교적으로는 북한이 가장 갈망하는 미국으로부터의 정권을 보장받고 국제사회로 나가는 길을 터주어야 한다. 북의 위협이 강해지는 것은 국제적 고립과 밀접한 관련이 있다. 이를 우리가 앞장서서 해소해 주는 것이 대한민국의 안전을 지키는 데도 훨씬 유리한 전략이다. 그 바탕 아래 남북 간에는 우리가 더 많이 경제적 물자를 지원하는 정책을 꾸준하게 밀고 나가야 한다. 이렇게 하는 것이 향후 통일 비용을 절감하고 남북의 격차를 해소하는 데도 도움이 된다. 통일의 최대 악조건이란 이러한 대전제가 정권의 기호에 따라 냉탕 온탕을 반복하는 것이다. 매번 대북 정책이 보수 진보에 따라 180도 달라져 주변국과 당사자인 북한이 어느 장단에 춤춰야 할지 모르게 해서는 안 되는 것이다.

이 글은 이러한 답답한 상황에서 통일적 접근에 있어 제 세력들에게 사상적 토대를 제공했으면 하는 바람에서 쓰였다. 사상적 측면에서 볼 때 하나의 사상이 집필되는 동기는 어떤 변화가 이루어진 뒤에 그것을 비평적으로 해석하고 분석하여 의미를 담아내기도 하지만, 다른 측면에서는 명확한 목표를 설정하고 사회변동 요인을 제공하기 위해 저술되기도 하는 것이다. 이 글은 말하자면 의도성에 있어 후자에 속한다.

환원하면 로크의 '정부론'에서 개진된 정치사상이 프랑스의 절대왕정을 무너뜨리고, 미국이 모국인 영국으로부터의 독립을 추구할 수 있는 이념적 토대가 되었음을 기억할 것이다. 통일적 여건의 성숙이 더디게 느껴지고, 사람들 가슴에 명확한 지표가 상실되어 우왕좌왕할 때, 통찰력이 결집된 방향성의 제시는 흩어진 역량들을 한곳으로 모을 수가 있다. 그리고 그 힘은 다시 사상과 결합하여 하나의 도도하고도 거대한 흐름이 되어 새 역사를 열어가는 지평으로 승화되는 기제로의 작용을 역사에서 발견하는 것은 그리 어렵지 않다.

인류의 보편사 구조로 남북한의 제 모순을 해체시키고 새롭게 구성하려고 해도 실제적으로 역사를 추동하는 힘이 보편사에만 한정되거나 어떤 특수한 구조가 실제적으로 보편사를 넘어서 현실로 건재함을 수없이 눈으로 확인할 수 있다. 그러나 이것이 자체적으로 한계를 안고 있다면 뒤엉킨 문제를 풀어내는 방편이 보편사가 되는 것은 무리가 없을 것이다. 내가 보편사를 끌어들여 반통일의 기운을 제어하고, 현실에 봉착되어 꼼작하지 못하는 시스템을 붕괴시키려고 하는 의도는 바로 여기에 있다.

북한 사회를 일방적으로 해체하려는 의도는 사상적 접근에서부터 미로에 봉착하게 되어 있다. 북한 사회가 남한보다 더 공정하지 못하고 불평등하다는 사회라는 것을 논증하고 규명하고자 가령 롤스의 '정의론'을 들먹인다 해도, 공정과 불평등 삶의 조건들은 남한 내부에서부터 위기에 직면하게 되어 있다. 이 문제는 롤스의 정의론에 단초를 제공했던 로크, 루소 그리고 칸트의 사상을 모조리 동원한다고 해도 해결할 수 없는 문제다. 이것은 전략과 방편에 더 치중된 아주 특수화된 시스템에 대한 접근임을 먼저 이해할 수 있어야 한다.

사회변동이 단기적이고 일시에 일어나기도 하고, 때론 장기적인 힘들의 투쟁에 의해 변화를 열어 가기도 하지만, 일어나기 전까지는 그 변화를 추동할 힘을 축적하고 있다. 사상의 힘이란 그 변화를 축적하는 가장 근원적이고, 실제적인 기득권을 해체하는 가장 강력한 무기가 될 수 있음을 본다. 총체적 민의라는 것도 기실, 개인 정체성, 또는 주관성의 집합체이며 복합체라고 봤을 때, 집단의 사고를 수정하는 그 중심에 사상이 존재해야 함을 믿는다. 사상이란 원래 누적된 불만을 반영하기도 하지만, 집단의 환각을 풀어 주는 매개가 되기도 하는 것이다. 어떤 예시의 힘은 아니더라도 적어도 나아갈 방향에 대한 해답은 제시할 수 있어야 한다. 즉, 축적된 힘이 폭발성으로 나아가는 기저에 사상은 뇌관이 될 수 있어야 한다. 그래야 세력의 재편에서 사상의 무기를 장전한 병사들이 확신에 사로잡혀 원하는 세상을 구현할 수 있기 때문이다. 이런 관점에서 이 글은 칼 마르크스가 구현하고자 했던 세계, 다분한 의도성으로 접근했던 명확한 목표들과 무척이나 닮았다. 다만, 다른 점은 마르크스는 자신의 사상으로 창조된 세상이 영원할 것이라고 믿었으나 나의 사상은 순전히 전략 방편적으로 통일을 위한 성격으로 말을 한 까닭에 한시적이라는 점이다. 그러나 역사가 삶의 반영이라고 보았을 때 아무리 내가 방편적으로 사상을 개진했다고 해서 그것이 통일 후에 사회를 규정하는 데 전혀 무익한 것은 아닐 것이다.

삶의 질이 결정되는 체제의 성격에서 자유민주주의는 실상 그 무엇과도 바꾸거나 견줄 수 없을 만큼 최고의 가치가 된 지 오래다. 애국심만으로 국민들에게 그 무엇을 강요할 수 없고 삶의 질과 조건이 맞지 않으면 언제든지 이민을 떠날 수 있는 여건들이 마련되어 있는 다원화된 세상에 살고 있는 것이다. 특히, 미래 세대에는 인종, 민족적 국경이 사라지거나 많이 약화될 것이란 전망은 상당한 근거와 설득력을 내포하고 있다. 이러한 추세를 감안한다면 무작정 통일지상주의를 부르짖는 것이 세계사의 조류와 역방향일지 모른다. 그러나 통일의 성격은 포괄성만의 문제가 아니다. 어느 지역에 국한된 협의의 사안이라고 해도 반통일이 적대시, 경쟁, 무력의 기반 위에 놓여 있다면 반드시 해체하여야 하는 시대적 사명과 직결된 문제로 파악하고 접근해야 한다는 점이다. 이것은 포괄성의 당위나 명분을 넘어선 평화의 개념이요, 진정한 삶의 질에 대한 진지한 접근으로 모색되어야 한다.

## 2. 반족의 시스템화

우리가 미국과 일본 그리고 중국과 러시아와의 외교 관계를 돈독하게 해야 하는 배경에는 외교 군사적 이유 말고도 경제라는 아주 기본적 시스템이 공고하게 연결되어 있기 때문이다. 어느 한쪽이라도 서로를 외면하는 순간 내부적으로 심대하고도 중대한 위기에 봉착할 수 있는 구조로 연결되어 있음을 주의 깊게 볼 필요가 있다. 경제의존도가 유럽에 비해 미국, 일본 중국에 치우쳐져 있는 까닭에 경제구조를 다각도로 재편하지 않은 상태에서 이들 나라와의 미편한 관계는 국익에 서로 도움이 되지 않는다는 기본인식, 즉 공동인식이 있는 것이다. 앞으로 우리가 북한과 주고받을 경제구조의 연결성 내지 의존도의 공고성이 강할수록 통일은 머지않은 시기에 자연스럽게 이뤄질 수 있다는 전망은 허언만은 아닐 것이다.

한 예로 레비스트로스가 기행문학으로 집필한 『슬픈 열대』에 브라질 원주민들의 생활상 중 반족에 관한 이야기야말로 우리가 벤치마킹해야 할 통일 전략이 아닐 수 없다. 이 말은 북한의 정신적 주체성 및 강점이 남한 사회에서 거부할 수 없는 대의나 명분, 정서적 자부심으로 거부감 없이 받아들여지고, 북한 사회 내부에서 남한 경제적 물질적 풍요를 이룬 문화 축적의 힘이 자연스럽게 수입될 때 통일은 상부의 이해관계 없이 이뤄지는 것이다. 실질적으로 통일의 최대 걸림돌은 삶의 질과 정신을 지배하는 관념의 세계가 양립하여 합쳐질 수 없을 것같이 느껴지지만 핵심과 중심에서 통일을 가로막은 적은 상부의 이해관계이다. 특히 북한 내부의 사정이 이를 용납하지 못하는 것으로 보인다. 남한 또한, 기득권층의 이해관계에 맞물려 이를 타개하는 것이 대단히 어려운 구조로 묶여 있다. 따라서 이것을 넘어서려면 사상과 철학이 방향을 제시하고 그것을 일반이 주류의 가치로 인정하고 받아들이는 프로그램을 짜고 실현해야 통일비용을 최대한 절감하고 가장 지극히 자연스러운 통일을 완수할 수가 있을 것으로 보인다. 그렇다면 북한 정권과 정권을 받들고 있는 주민들을 만족시키는 방안이란 무엇일까? 해답은 그리 어렵지 않다. 그들에게 자부심을 안겨주는 것이다. 통일 이후에도 북한 주민의 자부심이 유지되고 전승 계승된다는 믿음을 주어야 북측의 불안 요인을 상당 부분 제거할 수 있는 것이다. 정권 상층부도 불안감 없이 통일에 응하려면 이러한 요건들이 의심 없이 받아들여질 때 가능한 것이다.

통일의 분위기가 어느 정도 무르익으면 우선순위에 있어 통치구조와 이념, 정신적 신념은 통일의 당위성 앞에서 후순위로 물러서게 될 것이다. 이때가 통일의 최적기다.

## 3. 물질과 관념의 상호교환

남북한 체제의 장점을 하나씩 크게 대별한다면 남한은 발달된 문명이고 북은 정신적 노작에 의해 이룩한 사상의 성과물이라고 말할 수 있다. 남북한 체제의 합작품이 얻을 수 있는 최대의 성과물이기도 한 이 두 요소적 장점은 취합하면 얼마든지 미래 세대의 유산으로 남길 수 있다. 나는 공산주의적 인간의 자본주의에 대한 실험은 얼마든지 가능하다고 보고 있다. 개인은 전체를 위해 전체는 개인을 위해 희생하고 헌신해야 한다는 공산주의적 인간양성은 이미 사상적 토대를 고전에서 얼마든지 찾아볼 수 있다. 불교의 티끌 속에 전체가 전체 속에 티끌이라는 화엄의 논리와의 결합을 도모할 수도 있을 것이다. 이런 사상적 교류와 결합으로 공산주의와 주체사상은 더 새로운 사회, 통일된 조국에서 얼마든지 새로운 이념 모델 또는 통일시대의 사상모델로 비약하거나 전환 창조될 수 있는 것이다.

미래와 역사로 머리와 가슴, 눈이 돌아가야 새로운 방향이 보이고 제시될 수 있다. 우리는 지금 현재만 보고 땅만 본다. 그것이 전부인 줄 알아 해와 달이 뜨고 지는 명확한 이치에서 한참 멀어져 있다. 성급하고 감성적인 통일논의와 접근은 금물이라는 허구적 논리에 속지 말아야 한다. 이렇게 말하는 자들은 오늘만 보는 자들이다. 현금의 세월에 안주하려는 비겁한 자들이다. 역사와 자라나는 아이들에게 물려줄 땅과 조국에 대해 숙고하지 않는 자들이다. 자유민주주의라는 체제의 토양 안에서 북의 정권에 의해 고착화한 풍속과 사상 전통 가운데 독창적이고 유익한 것들은 현창하는 방향에서 통일적 접근을 이루겠다는 열린 사고가 태동해야 한다. 그런 측면에서 김일성이 주창한 주체사상도 예외가 아니다.

주체사상이란 김일성 주석이 1967년 12월 최고인민회의에서 발표한 내외정책의 기본방침이다. 내용을 살펴보면 정치면에서 자주, 경제면에서 자립, 국방면에서의 자위를 중심 내용으로 하고 있다. 이것이 후에 유일사상으로 천명되는데 수령과 당 인민대중이 삼위일체라는 것이다.

북한 사회에서 사상이 국가 전반을 지배하거나 영향을 미친 경우는 중국을 통한 불교의 전래와 유교의 정착, 그리고 마르크스 레닌주의 보급, 주체사상의 성립일 것이다. 이 가운데 불교는 혁명 정신을 해이하게 한다는 이유로, 기독교는 미제의 침략전쟁에 도구로 전락했다는 비판에 직면하여 형식적이거나 거의 해체된 상태다.

현재 북한을 통치하는 이념은 주체사상이며 이것에 바탕을 둔 사회주의 건설 즉, 마르크스 레닌주의를 원용하고 있는 것으로 보인다.

신문방송이 방향성을 가져야 한다는 데 이의를 달 사람은 없을 것이다. 학자들이 사회 각 분야의 나아갈 방향성의 의제를 설정해야 하는 소명이 있다는 데에도 의견 대립이 없을 것이다. 국민정서라는 미묘한 틀 속에 갇히면 정서라는 것은 언제나 답보나 부동의 위치에 머물러 있다. 이것을 진전으로 이끌어내는 역할을 누군가는 해야 한다. 이제껏 우리는 동국대 강정구 교수가 6 · 25를 북한지도부가 벌인 통일운동이라는 발언을 두고, 송두율 교수의 내재적 접근법을 문제 삼으며,이종석 장관의 주체사상 연구를 색깔론으로 뒤집어씌우는 정서적 접근에만 치우치는 경향을 보였다. 언론과 학자가 정서를 뛰어넘어야 다음 단계로 나아갈 수 있지만 실제적으로 우리 사회는 이것의 악순환을 반복하고 있다. 국민은 사상의 축적이 없는 상태에서 정서에만 의존하고 있고, 언론과 학자는 그 정서를 핑계 삼아 정서법에 묶여 한 발자국도 나아가지 못하고 있다.

사상의 축적이 시급한 이유가 여기에 있다. 사상이란 정서로부터 자유로워야 한다. 사상의 자유가 정서와 실정법에 묶여 논의의 장조차 마련되지 못하는 지향의 역사적 가치 의무를 위배하는 것이 된다.

가령 송두율이 북한 사회를 내재적으로 접근하고 이해했다고 해서 외부로부터 북한이 초월해 있는 것은 아니다. 이것은 방편일 뿐이다. 통일적 접근에서 어느 것이 더 유리한가를 그윽하게 따져 볼 필요가 있다. 모택동이 모순론으로 당정을 장악한 것은 전통적인 마르크스 레닌주의가 아니었다. 목표에 도달하기 위해 과감하게 텍스트를 교정해가며 전략적 선택을 한 것이다. 기독교와 불교가 세계사의 보편적 종교로 대두될 수 있었던 데도 역시 방편이 있었다. 어렵고 딱딱하게 교리를 강독하거나 규율을 강요하기보단 알기 쉽게 접근하기 위해 기존의 신앙들을 차용하는 방편을 택했던 것이다. 물론 이 같은 논의에 대해 비판이 있을 수는 있다. 가령, 불교 교리 측면에서 세 확장을 하는 데는 기복신앙이 도움이 되겠지만 원초의 텍스트인 무아(無我)를 넘어설 수 없듯, 아니 지향적으로 강을 건너서면 뗏목을 버려야 하듯, 통일론에 있어 이런저런 방편 또한 통일을 이룬 뒤에는 과감하게 버리고 가장 적합하고 이상적인 질서로의 재편을 서두르면 될 일이다.

북한을 남한화하고 남한을 북한화하는 작업에 돌입해야 한다. 경제적으로라면 등 기호식품의 북한 반입으로 남한에 대한 적대적 감정을 누그러뜨리는 소극적 접근에서부터 기계의 지원이나 합작사업을 통해 깊숙하게 남한의 기술과 경제력이 북한 내부에 미치게 함으로써 남한이 없으면 존립이 휘청거릴 때까지 의존성을 높여 나아가야 한다. 『슬픈 열대』의 저자 레비스트로스가 포착한 반족의 생활 형태에 통일전선에 전략적으로 채택되어야 한다. 완전한 합일로 대상의 대상성이 사라지는 날까지 이러한 형태의 교류가 심원적으로 깊어진다면 통일은 필연이 되는 것이다. 지금까지 남한의 북한 지원이 어느 수준인지 정확하게 파악하지 못하고 있다. 그러나 정주영의 소 떼 방북, 현대의 개성공단 사업, 금강산관광 프로젝트, 남북단일팀 구성, 윤도현 밴드와 조용필, 김연자의 평양공연, 중국을 통한 남한 드라마와 제품의 공공연한 유입, 휴대폰의 사용 등 문화 경제적 침투가 상당한 수준에 이르렀다고 판단된다.

북한이 변하지 않았다는 논리는 허구다. 북한은 남한 경제 문화적 침투 앞에 변화의 기로에 선 것이 틀림없다. 서로의 체제를 인정해 주고 장점을 보호해 가면서 통일을 추구해야 한다는 논리에 이견이 있어서는 안 된다. 무엇을 주면 받아내겠다는 논리는 국민 정서법에 기댄 아주 유치한 전략에 지나지 않는다. 길고도 깊게 볼 수 있어야 한다. 통찰의 문제는 통일문제에서도 예외는 아니다. 남북 양측의 통일세력이 내재적 모순을 핑계 삼아 혁명이나 폭력으로 한쪽을 전복하여 통일로 나아가는 길도 모색해 볼 수 있으나 이는 실현 가능성이 적을뿐더러 사회구조 변경에 대한 비용을 계량해 보았을 때 통찰력 있는 방안이라고는 생각되지 않는다.

우리가 통일이라는 거담 담론에 접근함에 있어 때론, 가장 진정한 형태의 인간 조직을 만들어내려는 노력을 게을리하지 말아야 하지만, 그보다 더 중요한 것은 상황적 접근에 있다. 이러한 논의는 자칫 통일 논의를 미궁에 빠뜨릴 위험성을 내포하고 있다. 여기에서 우리가 포착해야 통찰력은 '드러난 불평등의 정의'를 갖고 통일에 접근해야 한다는 점이다. 드러난 불평등의 정의란 개념은 남북의 장점을 골고루 취합하여 계승 발전시켜 나가는 전략이다. 상황적으로 접근을 하되, 남이든 북이든 수용의 부분은 보편사적으로 설득력의 부분에 주안점을 두고 하나하나의 개별적 사안들을 해체적 방법으로 수용해 나가야 한다. 가령 주체사상의 경우, 북에서는 사상과 실천의 양부분에 있어 뗄 수 없는 불가분의 관계에 있지만 그 이론이 남쪽으로 오면 비접근성으로 전락한다. 주체사상에 대한 비토는 본질에 있는 것이 아니라, 상황에 있다. 북한에 의해 연구되고, 정치화되었다고 무조건 물리치려는 방식은 온당하지 못하다. 그것이 철학사적으로 해체수용이 가능한 내용이면 발전적으로 승계하는 긍정적 수용방식을 택해야 한다. 사상이라는 것은 후학에 의해 조망되고 비판되는 축적의 과정을 통해 또 다른 세계(사상)가 출현하는 것이다. 이 점에 있어서 사상의 제약은 전혀 무익하다고 할 수 있다. 그냥 내버려두고 적극적으로 수용해도 통일된 새 나라에서 얼마든지 역동적으로 새로운 구축이 일어나기 마련이기 때문이다. 북한은 이제 더 이상 마르크스와 엥겔스의 레닌주의가 아니다. 그렇다고 모택동주의에 의해 구축된 체제도 아니다. 공산주의라는 원형에서 이미 탈피하여 주체사상으로 무장된 독특한 나라다. 원형은 간작되어 있으나 전략적으로 마르크스 레닌주의를 원용했다는 점에서 모택동이 이들의 주의(主義)를 차용하여 상황에 맞게 변형시킨 것에서와 동일한 점이 발견되는 어떤 주의 즉, 주체사상주의라고 할 수 있다.

나는 체제의 변동, 그보다 협의에 있는 정권의 이어짐 측면에서 도올 김용옥이 간파한 조선의 역사와 이승만의 정권의 역사가, 조선은 임진왜란으로, 이승만 정권은 6 · 25 때 끝장났어야 했다는 주장에 전적으로 동의한다. 마찬가지로 더 나아가 북한 정권은 인민의 굶주림을 해결해 주지 못했을 때 끝장났어야 했다가 누군가 말했다면 이 말에 대해 역시 전적으로 찬성했을 것이다. 그러나 우리가 바라보아야 할 역사는 이어짐 속에 있다는 것도 부인할 수 없는 현상으로, 우리 앞에 존재하는 것을 사실을 직시하는 문제는 통일 논의에 있어 당위에 앞선다는 전략적 사고가 주문된다는 사실, 또한 대단히 중요한 문제이고 간과해서는 안 된다는 것을 미리 말해 두고자 한다. 북한 정권이 대화의 상대로 또는 현실적 무력의 상대로 존재하는 한 우리는 그 실체를 인정해야만 한다. 그래야 그다음 해결책이 나오는 것이지 무작정 쓸데없는 대의나 명분, 그보다 더 한심한 것은 현재의 것을 잃지 않으려는 안간힘의 발동을, 변동을 두려워해서는 안 된다는 것을 주지했으면 한다. 통일은 정말 우리의 현재 조건과 바꿀 수 없다는 고착화된 논리의 우위는 정말 잘못된 의식의 발로이자, 경도된 지향이 아닐 수 없다. 통일적 접근이 그 어떤 하류, 우선의 원칙에 위배된다는 생각은 경직된 사고, 변화를 막아서려는 집단에 의해 주입된 집단최면이다. 통일의 가치는 정말이지 우리의 전부를 걸고서라도 추구해 볼 만한 거대 담론이다. 더 나아가 필연의 법칙에 지배받는 당위의 역사다. 그걸 부인하도록 내버려 두어선 안 되는 것이다. 그러면서도 통일은 곳곳에서 암초를 만나 좌초하고 있다. 통일의 최대 적은 이러한 왜곡된 인식을 주입식으로 심어 집단 간의 위화감과 불안을 조성에 성공했다는 데 있다.

통일은 외부의 충격이나 내부의 돌발변수에 의해 즉각적으로 이뤄지지 않고 이러한 방식대로 진행된다면 긴 시간적 인내를 요구한다.

실제적 통일 의식으로의 진입은 김대중의 6 · 15선언 이후다. 김대중의 통일방식을 계승한 노무현 정권을 거쳐 소극적 규모의 인적 물적 교류의 1단계를 지나, 2단계는 남측 양측의 필요성이 더욱 공감되는 시기를 거쳐 절대적 필요성이 제기되는 3단계를 지나면서 자연스럽게 이뤄지는 것이 최상의 이상적 모델이다. 기실, 지금껏 이런 단계를 거쳐 통일된 나라는 없었다. 체제를 달리하지만 동일한 외양과 언어, 역사를 공유한 집단끼리의 전면적인 교류는 통일적 바람이라는 국민들의 숙원에 복종하여 필연적으로 하나로 통합되는 역사성을 요구받게 되어 있다.

사회적 역사적 변동이란 다음 세 가지 측면에서 이뤄진다. 첫째, 관념에 의한 변동이다. 가치관, 지향, 삶의 자세가 사회적 변동을 일으킨다. 이념의 사회가 총체가 될 때 가장 큰 변동이 오는 것도 이 때문이다.

다음으로 물질적 생산에 의한 총체에서 사회적 변동 요인이 도출된다. 즉 마르크스, 엥겔스가 말하는 생산 활동이 변동 요인에 있는 것은 확실하다. 그러나 가장 큰 변동 요인은 교류와 접촉에 의한 변동이다. 생물에 있어서 접촉과 교류는 적응이라는 강한 인자를 만들어내고 사회적 접촉은 발전이라는 변동으로 귀결되는 것이다. 교류와 접촉이 사회변동의 가장 큰 요인이라는 것은 역사가 증명한다. 선교에 의해 오늘날의 기독교가 정착되었으며, 강제적 접촉인 전쟁에 의해서도 문화가 전파되고, 기술이 이전되었으며 자발적 문명의 교류는 새로운 세상을 대면하는 계기가 되었음은 자명한 사실이다.

남한이 수정된 자본주의 체제로 정립하고, 북한이 수정된 사회주의 내지공산주의 체제로 만들면 된다. 이 같은 진행은 영향과 필요성 그리고 교류에 의해 실제적으로 진행되고 있다. 이것은 필연의 과정 위에서 대두된 문제들을 해결하려는 시도에서 진행되고 있는 것들이다. 다만, 여기에서 문제가 되는 것은 방향과 체제의 정향에 관한 논의들이다. 인류 전체라는 대명제하에서 공동적 이익을 위해 문명의 상위 국가들이 하위 국가들에게 해야 하는 어떤 의무를 남한 측이 제공하는 방식으로 통일이 전개되어야 한다. 물론 이 말을 잘못 이해하면 남한 위주와 주도의 통일을 명명하는 것으로 오해될 소지가 있지만 그런 뜻의 전개를 위해 내가 이 말을 끌어들인 것은 아니다. 거대사(巨大事) 다시 말해 지구라는 인류 전체가 직면한 문제, 가령, 기후변화, 환경오염, 인구증가, 기술의 성장(살상무기 및 복제 등 생명공학의 문제들) 등 위기 문제에서 탈출하기 위해서는 주도적 위치에 있는 나라들이 의제설정에서부터 자신의 희생, 해결의 비용에 이르기까지 광범위한 이해의 바탕 위에서 전제의 해결을 도모하듯 남북한의 통일 또한, 남한 필요불가결한 희생은 어느 정도 불가피한 측면이 있다는 점을 강조하는 것이다.

이 말은 다른 각도에서 논구하면 남한이 통일비용의 부담을 수용해야 한다는 측면으로 이해될 수 있다. 독일 통일처럼 서독 중심의 흡수된 방식에서도 이것은 확실하게 드러난다. 잘사는 쪽이 못 사는 쪽에 손을 내밀지만 시간이 지나면 모두에게 공동의 이익을 도출하는 방식은 가장 바람직하다.

또다시 남북한 문제에 있어 현시점에서 남한의 자세나 태도에 대해 일러둘 점은 정방향에 대한 프로그램이 빈약하다는 것을 지적하지 않을 수 없다. 일대일로 주고받는 식의 상술적 접근이 아니라 무한대로의 확충이 이 경우에 더 적절한 방식이 될 수 있다. 북한이라는 다른 한쪽은 남한의 잃어버린 실재다. 그것이 자기실현이라는 환상으로 표현되어도 전혀 손해가 없는 또 다른 자기의 표현이라는 개념의 도출이 필요하다.

내재적 접근을 넘어 철학적 심리학적 동일시 개념을 차용해도 그렇게 나쁜 결과를 낳지 않을 것이다. 오히려 그 반대의 상황이 전개될 것이다.

우리가 추구하는 통일의 모델은 베트남의 전형도, 독일의 전례도 아니다. 이것은 새로운 모델이다. 남측 양측이 절대적 또는 절박한 필요에 의해 구축되는 상황이 가장 이상적이다. 지금 남북의 상황은 어느 일방이 가령, 이탈리아의 통일처럼 가리발디가 일방적으로 양보하여 통일이 이뤄지듯 한쪽의 일방적 양보로 성취되는 성질의 것이 아니다. 명확하게 체제를 달리하는 국가 대 국가의 통합인 것이다. 따라서 통일이 성공적으로 안착하려면 다음 몇 단계의 원칙이 확인되어야만 한다. 다음 몇 가지의 문제만 해결할 수 있다면 삶의 조건이 확대되고 성공적으로 안착되는 것이다. 첫째, 권력으로부터의 불안 제거다. 둘째, 참여로부터의 불안 제거다(정치, 사회조직에 능력에 의해 자유롭게 진출 가능하다는 확신이 주어져야 한다). 셋째, 생존으로부터의 불안 제거다(통일이 기회가 될 수 있다는 정서적 확신이 있어야 생존불안이 사라진다). 넷째, 과거로부터의 불안 제거다(통일되기 전의 일들은 불문에 부친다는 명확한 원칙이 있어야 한다). 북한과 남한이 합쳐지는 세계는 삶의 조건이 변형되는 것에 불가피한 측면이 있다고 해도 불안하거나 불리한 조건이 형성되기 어렵다. 불리한 조건이 되려면, 그것은 실제적으로 더 좋은 집에서 하룻밤을 자면서 익숙하지 않은 것과 같은 것이다. 그러나 그곳에서 매일 지내면 불안한 조건은 사라지게 되는 것과 같은 수준의 불안이 있을 뿐이다. 큰 불안의 요소가 남북 양측에 동시에 남아 있는 것은 아직 교류가 덜 진전되었기 때문이다. 우선 무력적 불안으로부터 해방될 수 있어야 한다. 군대나 경찰, 또는 권위적 기관이 개인의 자유를 억압하지 않을 것이란 믿음이 선행되어야 한다. 이것은 가시적 조치가 필요하다. 군대는 어떠한 경우에도 인민대중의 적이 될 수 없으며 총구를 인민을 향해 겨눌 수 없다는 원칙이 확인되어야 한다. 남북이 합쳐지는 조건들을 수용하는 인민대중을 보호하고 수호하는 조직이라는 신뢰를 심어 줄 수 있어야 권력의 불안으로부터 해방될 수 있다.

외세가 개입되지 않은 개입할 수 없는 여건이 조성될 수 있다면 이는 최상이 아닐 수 없다. 아마 단언하건대, 남한의 상황이 미국을 비롯한 주변국의 영향에서 자유롭지 못하다고 해도 거역할 수 없는 흐름조차 그들이 제어할 수 있는 것은 아니므로, 최상의 방안은 도도한 흐름을 만들어나가는 의지와 자세가 통일의 관건이 될 수 있다는 사실이다. 관념을 통해 지향할 가치를 만들어내는 일이 이 때문이라도 시급하다.

남북 양측의 구조는 어느 정도 반족의 형태로 들어서고 있다. 때문에 누군가 북한이 변하지 않는데 우리만 변하면 손해라는 개념은 어린아이의 유치한 사고에 지나지 않는 것이다. 교류가 시작된 이상 그것도 문화와 언어 역사적 배경이 동일한 집단끼리의 교류가 어느 한쪽이 변했는데 상대가 변하지 않았다고 주장하는 것은 억지 논리일 뿐 아무런 인과성을 구성하지 못한다. 주변인을 양성하는 문화적 힘을 길러야 한다. 북한과 남한이라는 이질적이면서도 공동체일 수밖에 없는 구조적 한계를 내부의 힘으로 극복하기 위해서는 양쪽의 영향을 동시에 받는 그러면서 어느 한쪽에도 소속되지 않은 경계인 디아스포라 양성에 주력해야 한다. 조선인이라는 추상성에서 구체적인 통일의 주관성을 발견하는 지혜로운 한계인이 사회 내부에 주류로 등장하거나 비축된 힘을 추동하는 세력으로 대두될 때 비로소 사회변동 요인으로서의 주체가 될 수 있는 것이다.

〈안동인터넷뉴스〉 2011년 5월 20일

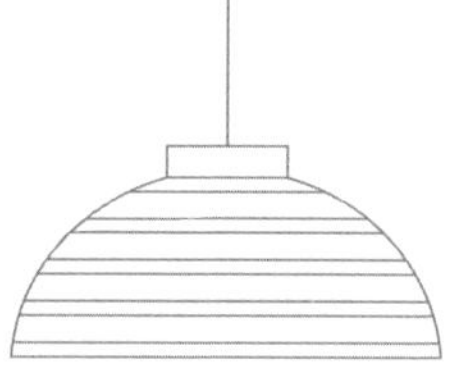

# 문화 산업화의 길

문화적 원형자산이 그 어느 나라와 지역보다 풍부한 안동이기에 산업화의 길은 이미 예견되어 있었다. 오래전부터 의제를 설정할 수 있는 두뇌를 가진 이들과 이것을 정책으로 소화하고 집행할 힘을 가진 사람들에 의해 산업화를 통한 문화의 확대라는 논의가 꾸준하게 진행되어 왔다.

오피니언 리더가 논제를 펴면 언론은 의제의 파급효과를 극대화했고 이를 우리 사회가 수용하는 방식으로 합의를 이룬 것이 문화의 산업화 방향이었다.

아직 성공을 단정하긴 이르지만 〈엄마 까투리〉의 가능성만으로 그리고 이제까지의 흔적과 과정만으로도 나는 이러한 예가 충분하게 다른 지역에 롤모델이 될 수 있는 모범사례였다고 믿고 있다.

특히 이 과정에서 짧은 기간 공직 사회가 보여 준 놀라운 흡수력과 적응력은 나처럼 문화에 목매달고 사는 이들이 뭔가를 해보고자 부딪쳤을 암담한 경험에 비추어 보더라도 상찬받아 마땅하다. 문화를 두고 우리

사회 내부처럼 격렬하나 편안함으로 이야기를 주고받을 수 있는 곳이 그리 흔하지 않다는 것을 기억할 필요가 있다.

우리는 이러한 여건을 지속성으로 담보 받고자 노력해야 하며 이것이 우리가 처한 환경에서 최상의 선택이고 지역의 이익에도 부합한다는 메시지를 신념을 갖고 설파해야 한다. 왕의 나라는 이러한 이해의 바탕 위에서 제작되고 있다.

〈안동인터넷뉴스〉 2011년 5월 18일

문학세계대표작가선 882

# 주주객반

최성달 에세이

인쇄 1판 1쇄 2019년 4월 3일
발행 1판 1쇄 2019년 4월 10일

지 은 이 : 최성달
펴 낸 이 : 김천우
펴 낸 곳 : 도서출판 천우
등 록 : 1992. 2. 15. 제1-1307호
주 소 : 서울시 성동구 무학봉28길 6 금용빌딩 2F
전 화 : 02)2298-7661
팩 스 : 02)2298-7665
http://moonhak.wla.or.kr
E-mail : chunwo@hanmail.net



값 15,000원



ISBN 978-89-7954-762-7